外国军事名著译丛

新战争论

More on War

[以] 马丁·范·克里韦尔德◎著
(Martin van Creveld)
释清仁　彭洲飞　谢峰◎译

世界知识出版社

总 序

兵者，既是国之大事，亦是民之大事。

战争自远古时期一路走来，对人类社会产生了深刻久远的影响。最早是人们为了生存利益或血族复仇爆发的武力冲突，后来战争成为以掠夺为目的的经常性的行当。战争的结果，往往影响到组织、群体的兴衰存亡。

历史上的国家或民族，因为兵败而导致国破民亡、文明断绝的，可谓数不胜数。古希腊作为欧洲文明的重要起源，在文学、哲学和科学方面成就辉煌，但因遭受马其顿人的攻击，竟致轰然崩塌。中国的大宋王朝，拥有位居世界前列的发达科技文明，但在草原民族的屡屡入侵下，先是遭受靖康之耻，后终亡于崖山之下。

战争如此重要，言兵、知兵历来受重视。中国古代的《孙子兵法》，短短六千余字，然而微言大义，阐明了战争机理，对后世产生了广泛深远的影响，被公认为世界"兵学圣典"。在西方，从《荷马史诗》《伯罗奔尼撒战争史》，到奠定近代西方兵学基石的《战争论》，再到后来的《海权论》《空权论》《装甲战》等，兵学传承绵延不绝。研究战争、认识战争，使从事战争的人们，拥有了驾驭战争这一“怪物”的能力，享有了战争制胜的巨大好处。

兵形似水。战争始终在发展演变，如大河流动般奔腾不息，从遥远的冷兵器战争到后来的热兵器战争、机械化战争和信息化战争。如今，机械化战争的炮声余音未了，信息化战争的硝烟甚嚣尘上，智能化战争的身影已扑面而来。面对风起云涌的世界新军事革命，如何认识和打赢今天这种新型的战争？如何建设强大的现代化军队？如何发挥军事力量的“压舱石”作用？这些问题，都需要深思熟虑。

他山之石，可以攻玉。只有通览古今中外军事学说，打开脑洞，以世界眼光、多重维度与非凡见识来观察思考战争，才能弄清现代战争面貌，通晓现代战争之变，把握战争制胜机理，成功地驾驭战争“怪物”。

依据这一宗旨，我们精选并翻译了当今外国学者关于战争理论、军事思想及历史等方面的部分军事著作，推出“外国军事名著译丛”，以供对战争和军事感兴趣的专业及非专业人士阅读使用。希望这套丛书，能够引领读者打开一扇窗子，启发读者徜徉于战争长河，品鉴战争智慧、感悟战争哲理，更加深刻地认识和把握现代战争。

外国军事名著译丛
主　编
2022 年 6 月

译者序

一

呈现在读者面前的《新战争论》(*More on War*),是以色列著名军事思想家马丁·范·克里韦尔德[①](Martin van Creveld)近年来研究军事、战争和战略问题的一部力作,这部著作英文原版由牛津大学出版社出版。该书大胆采用同两部世界兵书圣典——《战争论》(*On War*)、

① 目前国内出版的马丁·范·克里韦尔德(Martin van Creveld)的著作有三种译名:马丁·范克勒韦尔德、马丁·范克里韦尔德、马丁·范·克里费德,详见:(1)马丁·范克勒韦尔德:《战争的文化》,李阳译,生活·读书·新知三联书店,2010年第一版、2016年第二版。(2)马丁·范克里韦尔德:《制空权时代》,王祥兵、李婷婷译,新华出版社,2013;马丁·范克勒韦尔德:《战争指挥》,吴丽、朱勤芹译,新华出版社,2022。(3)马丁·范·克里费德:《军官的教育:从对军事专业化的尊崇到背离》,范玉芳、张博译,范玉芳校,解放军谊文出版社,2010。(4)马丁·范·克里费德:《战斗力:德国陆军与美国陆军的表现(1939—1945)》,沈明室译,台湾麦田出版有限公司,2007。本书请教新华社译名专家,选择作者译名为马丁·范·克里韦尔德。

《孙子兵法》（*The Art of War*）相似的名字，探索研究孙子和克劳塞维茨囿于时代或个人见识而未涉及（或较少论述）的主题：战争原因与目的，战争与经济，战争与科技，战争与法律，军队建设，参谋情报与后勤，战略艺术，海战、空战、太空站、网络战，以及核战争和非对称战争，等等，以通俗化的语言为人们描绘了一幅21世纪的战争理论宏阔图景。因其一贯深邃的思想性及独特的洞见，该书一经出版，便吸引了世界范围内的军事爱好者。

马丁·范·克里韦尔德，是世界知名的战略家、军事思想家、军事历史学家。他于1946年出生于荷兰鹿特丹的一个富足的犹太人家庭，有两个弟弟。1950年，他随家人移居以色列，住在毗邻特拉维夫（Tel Aviv）市的一个名为拉玛特甘（Ramat Gan）的小镇上，父亲后来是一名银行家，曾任以色列维萨信用卡公司副总裁。在家庭生活上，克里韦尔德1984年与第一任妻子雷切尔（Rachel）离婚，目前和现任妻子德沃拉（Dvora）以及两个儿子（Eldad、Uri）生活在耶路撒冷，闲暇之际爱好打网球。

克里韦尔德10岁便对历史产生了浓厚兴趣，开始阅读《简明世界历史》（*World History in a Nutshell*）、《南非战争》(*South African War*, 1881) 等历史书籍。他尤其喜欢《荷马史诗》(*Homer's Epics*) 中《伊利亚特》(*Iliad*) 里的战争故事和英雄人物，立志成为一名伟大的军事历史学家。1964 年，克里韦尔德考入希伯来大学攻读历史学，1975—1976 年在伦敦政治经济学院进修学习，1971 年起任教于耶路撒冷希伯来大学，现为该校历史学荣誉退休教授。

克里韦尔德精通希伯来语、英语、德语、荷兰语，经常为美国、英国、加拿大、瑞典、南非等国家的国防部门提供战略咨询，曾担任过美国海军战争学院、英国桑赫斯特皇家军事学院等世界知名军校客座教授，并在北约军事学院、日内瓦安全政策中心等西方几乎所有战略研究机构讲学授课。他成就斐然，著作等身，先后出版 30 余部专著并被译为 20 多种语言，其中有 5 部被译为中文。他本人频繁出现在美国有线电视新闻网(CNN)、英国广播公司 (BBC) 等世界主流媒体上，受到《纽约时报》(*The New York Times*)、《国际先驱论坛报》(*International Herald Tribune*) 等国际媒体采访报道，可谓闻名遐迩。他也是继孙子、克劳塞维茨之后第三位著作被列入美国军官必读书目的外国军事家。

克里韦尔德长期沉浸于战争、战略、军事历史领域，向来以丰富的古今战史考察、精彩的中外战例佐证、犀利的质疑批判、独到的新颖见解而著称，形成了其独具风格的战争观和军事观。他的军事论著大致可以划分为以下三大类。

一是聚焦战争战略的论著。代表作有：《空军与机动作战》（*Airpower and Maneuver Warfare*, 2019），《新战争论》（*More on War*, 2017），《战争游戏：从角斗士到电脑游戏》（*War Games: From Gladiators to Gigabytes*, 2013），《制空权时代》（*The Age of Airpower*, 2011），《作战艺术的演变：从拿破仑到现代》（*The Evolution of Operational Art: From Napoleon to the Present*, 2010），《科技与战争：从公元前2000年到现代》（*Technology and War: From 2000 B. C. to the Present*, 2010），《战争转型：克劳塞维茨以来对军事冲突最彻底的解读》（*Transformation of War: The Most Radical Reinterpretation of Armed Conflict Since Clausewitz*, 1991, 2009），《战争的文化》（*The Culture of War*, 2008），《变化中的战争面貌：从马恩河战役到伊拉克战争》（*The Changing Face of War: Combat from the Marne to Iraq*, 2008），《希特勒的战略（1940—1941）：巴尔干线索》（*Hitler's Strategy 1940–1941: The Balkan Clue*, 2008），《战争艺术：战争与军事思想》（*The Art of War: War and Military Thought*,

2005)，《男人、女人和战争：女人属于前线吗?》(*Men, Women & War: Do Women Belong in the Front Line?* 2002)，《军官的教育：从对军事专业化的尊崇走向背离》(*Training of Officers: From Military Professionalism to Irrelevance*, 1991)，《国家的兴衰》(*The Rise and Decline of the State*, 1999)，《核扩散和未来冲突》(*Nuclear Proliferation and Future of Conflict*, 1993)，《战争指挥》(*Command in War*, 1985)，《战争后勤：从华伦斯坦到巴顿》(*Supplying War: Logistics from Wallenstein to Patton*, 1977)，《赎罪日战争的军事教训：历史视域的考察》(*Military Lessons of the Yom Kippur War: Historical Perspectives*, 1973) 等。

二是聚焦军事历史的论著。代表作有：《展望未来：简明人类预测史》(*Seeing into the Future: A Short History of Prediction*, 2020)，《百场战事》(*War in 100 Events*, 2017)，《战略简史：从孙子到威廉·S. 林德》(*A History of Strategy: From Sun Tzu to William S. Lind*, 2015)，《保卫以色列：和平与安全的战略构想》(*Defending Israel: A Strategic Plan for Peace and Security*, 2014)，《血与蜜之地：现代以色列的崛起》(*The Land of Blood and Honey: The Rise of Modern Israel*, 2010)，《战斗力：德军陆军与美军陆军的表现，1939—1945》(*Fighting Power: German and*

U. S. Army Performance, 1939—1945, 2007），《利剑和橄榄：以色列国防军发展史》（*The Sword and the Olive: A Critical History of the Israeli Defense Force*, 2008）等。

三是聚焦军事人物的论著。代表作有：《我、斯大林》（*I, Stalin*, 2022），《地狱中的希特勒》（*Hitler in Hell*, 2017），《克里奥与我：一部知识分子传记》（*Clio & Me: An Intellectual Autobiography*, 2016），《摩西·达扬：伟大军事家》（*Moshe Dayan: Great Commander*, 2015）。除此之外，克里韦尔德在女性、平等、意识等领域也有研究。

作为军事领域的著名思想家，克里韦尔德敢于挑战传统，敢于质疑权威，善于从浩如烟海的世界战争史中提炼智慧结晶。他的一支健笔就是一把锋利的尖刀，始终冲锋在战争理论研究的前沿阵地，努力唤醒人们去重视那些被忽略的战争中至关重要的东西，并力图纠正那些被刻意遮蔽的关于战争的偏见。早在 1977 年，他的《战争后勤：从华伦斯坦到巴顿》一经问世便奠定了在学术界的重要地位，被誉为划时代的军事后勤学之作，该书先后 20 余次再版发行。他在此书中强调，后勤是支撑军队行动、保障军队供给的实用性军事艺术,[1] 在很大程度上决定了战争的走向、进程和结果。真正的军事家既要会指挥打仗,还要会组织后勤,后勤在战争中发挥着不可或缺的重要功能。他举例论证到,第一次世界大战前,德军雄心勃勃制订的施利芬计划竟然没有一张交通运输图作支撑,其失败是注定的。作为当代分散指挥理论[2]的重要奠基者,他在 1985 年出版的《战争指挥》中指出,“不确定性是所有指挥系统都必须面对的核心事实,它对于确定指挥的结构方面起着决定性的作用”。[3] 面对某些指挥家、理论家“一切皆可见、可见即命中”的美妙作战构想,他警告世人:“尽管现代技术手段无疑使现代指挥系统能够比以往更快更多地传输和处理信息,并不用考虑距离、运动或天气等因素,但是它们达成确定性的能力并没有显著提高。”[4] 针对“武器制胜论”的论调,他明确指出:“不了解战争文化,就

---

① Martin van Creveld, *Supplying War: Logistic from Wallenstein to Patton* (Cambridge: Cambridge University Press, 2004), p. 1.

② 马丁·范·克里韦尔德认为,分散指挥是将军事任务分解赋予下级,由下级自主决策、独立行动,这样上级和下级决策所需的信息都减少了,能更好应对战争的不确定性,提高作战效率。

③ 马丁·范克里韦尔德:《战争指挥》,吴丽、朱勤芹译,新华出版社,2022,第 366 页。

④ 同上书,第 363 页。

永远无法真正理解人类在战争和战斗中的行为，更不用说以最大限度提高自己的战斗力，最大限度地降低敌人的战斗力来主导战争了。”①

克里韦尔德不仅挑战马汉海权论、杜黑制空权论，还拷问孙子、克劳塞维茨，以冷静审慎的思考追问未来战争以何种形式呈现，从历史经验中寻找方向，在战例启迪中练就慧眼，在观点碰撞中预言战争。他是一位名副其实的军事思想斗士。用他自己的话来说：“我一向是好战的。”②

二

《新战争论》一书，是克里韦尔德数十年来探究战争理论的又一标志性成果。这本新书虽然篇幅不大，却是一部力作，作者力图站在先贤经典之上并致力于超越经典。《孙子兵法》与《战争论》，是克里韦尔德极为尊崇的经典兵书。在他眼中，人类历史上真正意义上的军事家，只有孙子与克劳塞维茨两位。在所有战争研究的

① 马丁·范克勒韦尔德：《战争的文化》，李阳译，生活·读书·新知三联书店，2018，第46页。

② 同上书，第6页。

著作中，《孙子兵法》最佳（the best），而克劳塞维茨《战争论》则屈居第二（the second best）。在《新战争论》中，克里韦尔德跨越时空、纵横捭阖，同孙子、克劳塞维茨进行心灵对话，跟随两位大师的思想指引，聊战争、谈战略、话军事、论战术、议策略，论述主题涵盖战争原因与目的，战争与经济，战争与科技，战争与法律，军队建设，参谋情报与后勤，战略艺术，海战、空战、太空站、网络战，以及核战争和非对称战争等所有领域。和当下那些时髦的研究者不同，他没有浮于表面，提出五花八门、眼花缭乱的作战概念或大谈特谈智能化战争，而是从更深层次探究战争本质问题入手，提出"军事理论危机"这一至关重要而又常被忽略的战略问题。同《孙子兵法》开篇"兵者，国之大事，死生之地，存亡之道，不可不察也"一样，克里韦尔德在本书开宗明义地指出："战争是世界上的头等大事。在危难来临之际，战争支配着国家、政府和个人的生死存亡。"《新战争论》振聋发聩地提醒我们：战争从未远去，它就在我们身边；必须从历史长河、经典战例和现实困境中思索战争本质、战争变化和战争未来，不再让战争和恐惧与人类相随。

全书在框架结构上由导言、主体内容十一章和展望三大部分构成。从另一个角度看，该书也是从总—分—总的叙事布局阐释克里韦尔德对21世纪战争景观的理解认识。

第一部分导言，主要阐释写作此书的紧迫缘由和最终计划。

克里韦尔德认为，当前军事理论遭遇最大危机，从公元前400年前的修昔底德到现在的无数理论家，大都被历史遗忘掉了。人们对理论家失望的原因在于，战争是具体而实操性的事务，“即便最好的军事理论，也不能把我们从敌人的利剑下拯救出来”,① 理论家把精力主要用在“如何组织战争、发动战争和指挥打仗”等军事实践上，从而忽视了对战争本质的抽象思考。同时，人类历史上没有两次相同的战争，战争本身永远处于变化之中，任何理论在战争面前都会过时。但是有两位大师是例外的，这就是中国的孙子、德国的克劳塞维茨，他们以“个人退场”和“思想入场”的方式依旧活跃在现代社会，帮助人们理性认识把握战争。为此，克里韦尔德从哲理高度、现实困境、战争未来等视域阐释《孙子兵法》《战争论》的时代意蕴和理论价值，尝试论述孙

① 参见本书正文第3页。

子、克劳塞维茨应该回应而未回应、应该解答而未解答的一系列重大问题。进而从十一个方面列出军事理论危机的具体表现，并着重强调军事理论的核心价值不只是提供战争行动指南，更重要的是要创造一幅应对百变战争的“地图”，为筹划和实施战争提供思想滋养和启迪启示。

第二部分主体，重点阐释论述孙子和克劳塞维茨较少涉及或未涉及的六大方面主题，主要包括战争原因和目的，战争与经济、法律和科技，军队建设，战略艺术，战争形态，以及非对称战争。

第一，关于战争原因和目的。克里韦尔德认为，孙子和克劳塞维茨几乎都忽略此问题，事实上，为何而战同战争行动本身一样重要。为何而战，是对战争起源的追问。本书中，他先后对原罪论、天谴论、本能好战论、进化生存论、性繁殖论、卓越品质论、乐趣兴奋论等战争起源论进行相关评论。通过对个体和共同体关系的剖析，克里韦尔德认为，“战争不是个体活动，而是集体活动”,① 战争的爆发源于多重综合因素。在现代社会，很多现实因素也会引起战争，譬如，不同种族之间的宗

① 参见本书正文第 39 页。

教文化差异、底层群体无法谋生、尖锐的社会矛盾等。最后，他还认为，国与国的战争是国际社会里无政府主义状态的产物，责任和权利的缺失必然导致“强权就是公理，大炮就是真理”。

第二，关于战争与经济、科技和法律。克里韦尔德认为，孙子和克劳塞维茨对经济、科技、法律领域论述极少，或者仅限于寥寥数语。毋庸置疑，现代战争与经济、科技、法律密不可分，相互融合，自成一体，贯穿战争全过程各方面。关于战争与经济，克里韦尔德重点论述战争的经济目的以及对经济的影响。他认为，经济构成了战争不可或缺的基础，战争的最终目的大都可追溯到经济目的。战争是一把“双刃剑”，它可以加快经济发展，促进社会进步，也可以导致经济衰退，带来毁灭和贫穷。关于战争与科技。克里韦尔德对战争的科技逻辑有着深刻认识，2010 年，他在《科技与战争：从公元前 2000 年到现代》中深入论述科技在战争演变中的独特价值功能，指出“科技影响并重塑了战争的所有形态”。① 譬如，1991 年的海湾战争表明，精确制导武器、传感器、数据传输器以及计算机技术的军事新应用，

---

① Martin van Creveld, *Technology and War: From 2000 B. C. to the Present* (New York: Maxwell Macmillan International, 2010), p. 1.

“真正彻底地变革了空战力量”。[①] 本书中，他再次重申以下观点，科学运用武器装备也是一种高超的军事艺术，军事科技创新必将推动军事变革，既要重视发展军事科技优势，又要警惕各种弗兰肯斯坦式的（Frankenstein-type，意为科学怪物）毁灭性军事技术（如激光武器、隐形武器、太空武器、网络武器即恶意软件，等等）。从某种意义上讲，新型武器装备在作战中扮演着力量倍增器的角色，军事技术的创新不但引领军队组织、训练、作战等一系列变革，而且开拓塑造崭新的战争形态，掌握技术优势就是掌握制胜权。关于战争与法律。克里韦尔德认为，自古以来，法律就是战争中至关重要的组成部分，战争法是文明社会进步的标志。本书中，他重点阐释发动战争的权利和战争中的权利。发动战争的权利聚焦解决两大根本性问题：一是谁有权发动战争；二是如何使发动的战争成为正义之战。概言之，界定发动战争的权利就是界定战争的正义性。正义之战也不能为所欲为。同发动战争的权利一样，战争中的权利同样必不可少，它强有力制约着发动战争之人的行为。但是，不界定战争中的权利，就无法理解胜利的内涵，更无法保

① 马丁·范克里韦尔德：《制空权时代》，王祥兵、李婷婷译，新华出版社，2013，第157页。

护生命安全。

第三，关于军队建设。克里韦尔德主要从组织、领导和战斗力三个方面阐述军队建设问题。良好的军队组织形态有助于减少军队内部的不确定性和阻力，是提高作战能力的重要途径。世界上的军队不存在统一的组织形态，不同的地理环境、社会制度、威胁挑战和对手敌人等因素造就不同的军队组织。现代军队的组织形态越来越复杂、庞大和多元化，他认为，一流军队应善于处理协调部队内部不同组织结构的关系，必须在集中与分散、精干与臃肿、僵硬与灵活之间找到一种平衡。如果说组织代表躯体，那么领导就是灵魂。本书中，克里韦尔德对“领导”这一重要术语进行深入解读后，认为领导一般采用劝诫、榜样、奖励和纪律（包括惩罚）四种方式管理教育部队。优秀的指挥官在职业生涯中应当形成属于自己的独特领导风格。一般而言，劝诫和榜样，是对指挥官素质的必备要求，奖励和纪律是教育下属官兵的管理艺术。要注意运用好奖励这一高明方式，及时又合宜的奖励能够增强凝聚力和自豪感，反之，“奖励不及时，就是白奖励”。和奖励一样，惩罚同样要公正和及时。及时惩罚能防微杜渐，根除后患。拿破仑称纪律是士兵的第一品质，强调“军队需要那些精神坚定并且服从是军人首要品质的人”。[①] 克里韦尔德认为，要注意纪律是聚合力量、服从组织、执行任务的重要手段，最好的纪律是自律。战斗力是军队独有的战争文化。高质量的军事训练、科学的组织形态、有效的领导管理，一定能释放出强大战斗力，即克劳塞维茨所言“尚武美德”。一名勇士的诞生过程就是战斗力塑造的过程，军队的战斗力对“军人克服畏惧死亡和逃避危险的心理，做好在需要时付出最大牺牲的准备，发挥着至关重要的作用”，[②] 是一种高贵的气质和赋能。它能够让胆怯变成勇敢，让懦夫变成英雄，让不可能变成可能，不断创造战争史上的英雄主义奇迹。

第四，关于战略艺术。战略，是对战争在不同语境之下的另一种表达。克里韦尔德高度认同孙子、若米尼对战略内涵的论述，即战争中有感知能力的对手之间的竞争艺术。战略的最高境界就是，使敌人屈从我们的意志，即“不战而屈人之兵”。他指出，战略既是极简的也是灵活的，这“源于未来可能面临什么以及对手可能

---

① 拿破仑·波拿巴著，布鲁若·科尔森编著：《拿破仑论战争》，曾珠、郭琳、樊静薇等译，上海社会科学出版社，2016，第 131 页。

② 马丁·范克勒韦尔德：《战争的文化》，李阳译，生活·读书·新知三联书店，2018，第 5 页。

做什么的不确定性”。[①] 洞察战略艺术的秘密，在于把握蕴含其中的辩证法的精髓要义，这适用于战略、战役、战斗乃至冲突的各个层面的战争行动。在本书中，他重点阐释了八对战争行动的战略术语和辩证思维：保持目标与灵活机动、保存实力与消耗实力、集结与分散、战役与机动、直接接近与间接接近、突破与包围、进攻与后退、强项与弱项。这八对战争行动范畴既是对立面，也是统一面。其对立性在于，敌我双方的矛盾是不可调和性，每一方的行动都反映出另一方的行动，有强便有弱，有攻便有守、有进便有退、有胜便有败。其统一性在于，敌我双方可以依据自身的实力、时机、谋略等因素扭转不利境遇，实现由弱变强、由守转攻、由退改进、由败而胜的局势改变。他断言，“随着一场斗争的展开，战斗特点取决于敌我双方如何处理这些军事行动的对立面”。[②]

第五，关于战争形态。在对传统陆地战争进行再解读的同时，克里韦尔德用大量篇幅重点讨论了《孙子兵法》和《战争论》由于时代原因没有涉及的海战、空战、太空战、网络战与核战争等战争形态。他视野开阔、

① 参见本书正文第 161 页。
② 参见本书正文第 183 页。

眼光敏锐、条分缕析、洞见深刻，观点极具启发性。关于海战，他认为马汉和科贝特都试图将海上作战纳入一个整体的战争中，但是这两人的思想更多强调海上战略而非海战。事实上，海战本应是整体战争的组成部分，必须深入研究陆战和海战的异同以及两者相互合作的海战思想。他重点强调现代社会处于海洋时代，以海峡、岛屿、海水、航线、飓风为代表的海洋环境必然决定海洋战略的相关原则。此外，他还用传说中的海怪利维坦、黑熊和飞鸟，比喻制海权、制陆权和制空权作战，并预测了它们三者未来的发展趋势。关于空战，制空权同制海权一样重要，它是空战的首要战略，即夺取空中行动自由，同时否定对手的空中行动自由。高技术含量、高危险性是现代空军的特色。空军在情报收集、空中监视侦察、打击地面目标等方面具有其他军种无法比拟的机动性，“空战也开启了无限的可能性”,① 作战飞机既能翱翔蓝天，也能飞向海洋，还能空降大地。但是，空军也日益面临着重大挑战，如空袭与反空袭、轰炸与防空之间的较量一直存在，弹道导弹、巡航导弹、高精度火箭弹已经开始取代战机执行战略轰炸任务。空中力量很

① 马丁·范·克里韦尔德：《制空权时代》，王祥兵、李婷婷译，新华出版社，2013，第48页。

难有效应对恐怖主义、游击队、非正规军等发起的非对称战争。关于核战，克里韦尔德认为，作为终极武器，核武器的巨大威力彻底切断了胜利和生存之间的关系，它不仅影响战争性质，而且改变战争的原因和目的。他还多次强调核武器对常规战争的深刻影响，“对核升级的恐惧意味着在主要强国的大型冲突中甚至不能使用常规部队”。① 核武器必然产生核战略，当前世界大国的核战略呈现出微妙“平衡”局面。但是，克里韦尔德不断发出警告，“尽管有几十年反战经验和无数预防措施，但都无法保证战争之剑不会在某个时刻砍下来”。② 空战、太空战和网络战是现代战争的热门话题。尽管卫星、网络、无人机、机器人等新技术对战争产生重大影响，但是由于缺乏足够的战例史料，克里韦尔德没有对无人战、智能化战争等相关话题进行深入探讨。他认为，太空战在本质上属于空战的延伸拓展，卫星、航天器、通信系统、地面控制中心等设施防御能力并不强大，脆弱性是太空战的最大特征。他高度肯定无人机作战的未来前景，指出“在外太空及近地面，在陆上及海上，在不

① 马丁·范·克里费德：《军官的教育：从对军事专业化的尊崇走向背离》，范玉芳、张博译，范玉芳校，解放军谊文出版社，2010，第 90 页。

② 参见本书正文第 254 页。

直接与敌人交战以及越来越多地与敌人直接交战的任务中，无人机的时代来了”。[①] 同载人战斗机相比，无人机具有相当大的优势，如训练运营成本低、配套设施更简易、不易受攻击等。但是，无人机背后的操作员依旧是一个个鲜活的个体，机器人尚未真正投入作战。无人机作战并没有变成一场视频游戏，战争终究是人类自己的事务。在信息化智能化时代，人们很难想象战争能延伸到哪个领域，网络战便是一个崭新的战争领域。不同于以往任何战争环境，网络空间完全是一种人为环境。已有战例表明，网络战还不会对整个国家造成瞬间致死的打击，目前，网络战终究是一种辅助作战形式。

第六，关于非对称战争。克里韦尔德从两个角度对非对称战争进行独到解读：一种是不同文明政体或国家之间的战争；另一种是两方强弱对比悬殊的战争。第一种情况主要发生在古代，譬如希腊人和波斯人的战争、蒙古人对欧洲的战争，等等。本书中，主要探讨第二种情况的非对称战争，即强的一方对弱的一方，或弱的一方对强的一方。克里韦尔德早在 1991 年的《战争转型》中就指出，克劳塞维茨的理性化战争分析模式遇到现实

① 马丁·范·克里韦尔德：《制空权时代》，王祥兵、李婷婷译，新华出版社，2013，第 191 页。

挑战，并深入探讨了以恐怖分子、叛乱、游击队为代表的突发性军事冲突。克里韦尔德把这种低烈度小规模的军事冲突视为非对称战争，他认为，这种新形式的军事冲突正在全球蔓延扩散。自21世纪以来，世界范围的恐怖主义暗流涌动，东欧国家、中东地区的内部武装冲突此起彼伏，再次印证了克里韦尔德对非对称战争的预测研判。他认为，非对称战争中强弱双方军事冲突改变了对战争的传统认识，为常规战争设计的作战方案无法应对非对称战争，强弱双方的军事斗争影响了胜败的定义。强者与弱者之间的斗争日益微妙化复杂化，以当局政府武装为代表的强者表现出“勇敢的克制”，使用最低限度的武力，不再向暴动的群体开枪射击，同时双方都试图争取民意，拉拢、贿赂彼此，扩大政治影响力。譬如，英国对北爱尔兰叛乱分子保持一种谨慎镇压的态度，避免引起社会上的“附带伤害”。通过对第二种非对称战争的剖析，克里韦尔德抛出一个大胆研判：强者对弱者作战变得弱小了，弱者对强者作战变得强大了，从某种意义上讲，“战争不是政治/政策的继续，而是运动的继续”。[1] 不过，非对称战争是一个特例，它更

---

① 参见本书正文第310页。

多地表现为政治渗透于强弱双方冲突的所有领域，以至于湮没了军事属性，同时，由于强弱双方无休止的冲突成为全面战争的镜像，以至于湮没了冲突的所有政治内涵。

第三部分展望，主要阐释战争的变与不变，对未来战争景象进行了畅想和追问。

克里韦尔德认为，战争这一人类古老活动走到今天，经历了巨大变革，特别是军事变革深深根植于社会诸领域，一系列因素相互影响、相互融合、相互推动，促使战争发展演变。但是，历史所沉淀的战争精髓在时代变革中依然显示出强大生命力，继承和弘扬是永不褪色的主基调。纵观人类战争史，变与不变始终是贯穿其中的主题。关于战争的“变”，本书重点论述三大变革领域：一是军队组织形式的变化，二是战争与经济关系的变化，三是战争与科技关系的变化。战争的“不变”，也主要体现在三大方面：一是战争是政治的继续这一最本质特征没有变，二是战争对军人的素质（如勇气、决心、凝聚力等）要求没有变，三是孙子和克劳塞维茨论述的战略原则没有变，依然适用于现代战争，适用于海战、空战、核战、太空战和网络战。

关于战争的“未来”。有人认为，战争正在消失，据相关统计，自21世纪以来，普通人死于战争的可能性比以往任何时期都要少。有人认为，战争对人的摧残发生了新的变革，战争正在重建现代奴隶制，譬如无端没收“打工仔”护照，被绑架的男孩女孩沦落为雇佣军，或沦为仆人、小妾或妓女。有的认为，对核灾难的恐惧尽管能慑止有核国家的大战，但是并没有阻止小型战争、局部战争和大大小小且接连不断的武装冲突，等等。对比分析上述种种观点后，克里韦尔德认为，战争这一人类特殊的集体活动，既有恶的属性，也有善的属性，战争的未来形态更加多元多样，并以新的方式（实时视频监控、私人信息窃取等）渗透于现代人的日常生活。如何看待和处理这个“善恶交织”的怪物，犹如中国神话热播电影《哪吒之魔童降世》中“善恶”混元珠一样，战争每天都在考验着人类的智慧。无论过去、现在还是未来，战争与和平，始终是人类永恒的话题。

三

克里韦尔德倾力撰写的《新战争论》兼具现代性、综合性和通俗性，是关于21世纪战争理论的一部军事思想读物，也是他长期研究世界战争史和军事原理而创作的又一部代表作。本书的鲜明特色主要体现在以下三个方面。

一是思想深刻，启迪性强。克里韦尔德在深研精读《孙子兵法》和《战争论》两部世界兵书圣典的基础上，以大胆创新的学术勇气提出“军事理论危机”这一严肃而重要的话题，进而展开了一系列具有开拓性的探索思考和思想追问。批判性既是克里韦尔德学术研究的底蕴底色，也是他理论创新、思想创造的一把利剑。本书聚焦战争这一宏大主题，既拓展研究孙子、克劳塞维茨所未谈及的战争形态，又深入追问战争原因和目的，战争与经济、科技和法律的关系，还重点阐释战略竞争艺术，战争的变与不变以及战争的未来，等等。克里韦尔德在书中第一次系统阐释自己的战争观和军事观，其中不乏许多真知灼见。譬如，他对战争原因与目的的探讨既多元又开放，提出经济利益不是战争的唯一目的等观点，启示我们要以多维角度思考因何而战、为何而战。他对战争的科技逻辑的认识既深刻又独到，提出力量倍增器、技术优势论等观点，启示我们要坚定科技也是战斗力这一重要论断。他提出以恐怖分子、叛乱者、暴徒为“主角”的非对称战争在全球蔓延的这一重大事实。他还警示世人，核恐惧虽然慑止了有核国家的大战，但并没有阻止世界各地的局部战争、各式各样的军事冲突。再比如，他对战史上经典战例的讨论，既有对成功经验的总结又有对挫败教训的剖析，既使人感受到战争的冷酷无情又使人觉察到温情脉脉的人道呵护。克里韦尔德不仅在阐述一种独特的军事思想，更是在追问战争将走向何处，其深邃的见解观点和科学的思维方法令人深思，给人启迪。

二是战史丰富，信息量大。研究战争离不开研究战史。战史战例是克里韦尔德学术研究的优势和品牌。本书所引用战史战例丰富多彩，纵横古今中外，跨越两千五百年，军事人物和经典战役在这里相互辉映，共同构筑起人类战争思想的恢宏图景。在军事人物上，既有中国古代军事家孙子、成吉思汗，也有西方古代军事家修昔底德、弗龙蒂努斯、韦格蒂乌斯、弗拉米尼努斯等；既有帝王恺撒、莫里斯、拿破仑等，也有著名将领汉尼拔、兴登堡、老毛奇、小毛奇、施利芬、隆美尔、巴顿、艾森豪威尔等。除了古代著名战略家，还有近现代军事理论家克劳塞维茨、若米尼、马基雅维利、马塞纳、马汉、韦维尔、富勒、伯恩哈迪、科贝特、哈特，等等。在战例选取上，既有古代战争，又有现代战争。既有陆战、海战、空战、核战，又有太空战、网络战、无人机作战；既有常规战争，还有局部战争、小型战争、军事冲突甚至恐怖主义袭击等非对称战争。概言之，本书把抽象推理、历史战例和兵学经典有机结合起来，“以这样一种方式使它们相互启发，形成一个不可分割的整体”。①

三是语言通俗、普及性广。不同于《孙子兵法》《战争论》早期阅读对象偏向有限群体，甚至暗藏在档案密室，《新战争论》从一开始就面向最广大的读者群体。正如克里韦尔德的意愿，他试图用简单的、非技术的、非专业的语言，阐释抽象战争思想与军事原理。然而，简洁语言、简明战史、简短故事这样的叙事方式与表达手法，并没有降低本书的深刻思想性与专业理论性。通过历历在目的军事人物、军事故事、战争案例，克里韦尔德致力于把高深的战争理论说透说清。譬如，把核武器比喻成悬在人类头上的达摩克利斯之剑，随时会砍下来。又如，把战争法比作“暴行的礼仪”。再如，在太空战中摧毁卫星通信系统等基础设施，就会再上演“太空珍珠港”事件，等等。相信每一位读者，不论是专业学者还是广大军事爱好者，都能无障碍

① 参见本书正文第23页。

阅读此书，在精彩纷呈的战争之旅中寻觅深邃的军事智慧。

《新战争论》也存在一定的研究偏见和认识误区。例如，克里韦尔德虽然极为尊崇中国孙子及其《孙子兵法》，但对发生于中国的战争（特别是近代中国人民反抗西方列强压迫的战争）认识并不全面深入。本书在非对称战争章节论述提及毛泽东，却只涉及毛泽东游击战争思想，对毛泽东军事思想知之不多、研之不深。关于现代战争，尽管本书专门阐述了太空战、网络战等，也对无人机作战、机器人战争作了评析，但是没有及时跟踪人工智能、大数据、物联网等前沿科技，对现代战争向信息化、智能化战争加速演变的大趋势分析不多，缺少对信息战、认知战、智能化战争等新型战争形态的评析。在引用战史上，本书更多地局限于欧洲和西方的战争史，更多地侧重于西方文化（如《圣经》《荷马史诗》《伊利亚特》等），对第二次世界大战的东方战场、亚非拉民族解放运动战争涉及不多。另外，书中在引用史料论证观点时有的不够严谨，个别事例来源于“据说”“传说”，等等。

尽管如此，瑕不掩瑜，这并不妨碍《新战争论》成为一部值得阅读和研究的军事论著。本书已纳入“外国军事名著译丛”，作为丛书第一本论著，我们相信，本书的出版发行将进一步推动战争理论和外国军事思想研究，为人们认清战争制胜机理、打赢现代战争提供有益借鉴。

译　者
2022年6月10日

对研究战争的人来说，无论你身处何方，只要你想研究战争，这本书就适合你。

你可能对战争没有兴趣，但战争可能对你有兴趣。

——利昂·托洛茨基（Leon Trotsky）

致 谢

本书的写作有两个缘由。第一次触动我是在 2010 年，当时我的朋友、在以色列国防军总参谋部工作的丹·法尤特金（Dan Fayutkin）少校（退役），要求我写一篇关于战略本质的短文。我完成了这篇文章，然而，以色列国防军（IDF）未采纳我的想法。因此，这篇文章的希伯来文版仍未出版。

第二次是三年后。当时，瑞典战争学院（Swedish War College）邀请我参加他们组织的关于军事思想的会议。我崇拜孙子（Sun Tzu）和克劳塞维茨（Clausewitz），但我不盲从任何人。在撰写本书时，我首先明了的是，理论写作真的很难。尤其是，克劳塞维茨在不使用文字处理机的情况下是如何完成写作的，这超出了我的想象。但我始终认为，他们并没有把有些问题想明白并做出回答，不论这么认为有没有道理。现在我想，是时候让我来阐释这些问题了。

在写作中以各种方式帮助过我的人——有时他们的帮助是不为人知的，包括：埃亚勒·本·阿里（Eyal Ben Ari）名誉教授，伊扎克·本·伊斯立（Yitzhak Ben Israel）教授、退役将军，罗伯特·邦克（Robert Bunker）博士，摩西·本·戴维（Moshe Ben David）博士、退役上校，尼韦·戴维（Niv David）先生，史蒂夫·坎比（Steve Canby）博士，杰夫·克雷孟特（Jeff Clement）中尉，亚伊尔·埃夫龙（Yair Evron）名誉教授，艾西亚·豪恩（Asia Haun）博士，亚吉尔·亨金（Yagil Henkin）博士，海加·克莱因（Hagai Klein），李婷婷（Lee Ting Ting）博士、少校，乔纳森·莱维（Jonathan Lewy）博士、我亲爱的继子，爱德华·鲁特瓦克（Edward Luttwak）博士，安迪·马歇尔（Andy Marshall）先生，塞缪尔·尼尔逊-曼恩（Samuel Nelson-Mann）先生，约翰·奥尔森（John Olsen）教授、上校，蒂姆·斯威斯（Tim Sweijs）博士，杰克·萨克莱（Jake Thackeray）退役将军，埃里希·沃德（Erich Vad）博士、退役将军，我两个亲爱的儿子埃勒达德·范·克里韦尔德（Eldad van Creveld）和尤里·范·克里韦尔德（Uri van Creveld），以及马丁·瓦格纳（Martin Wagener）教授。他们每个人都为本书做出了重要贡献。没有他们，这本书是不可能完成的。

第一次承担这项任务时，我亲爱的夫人德沃拉（Dvora）曾怀疑我能否完成它。现在，书稿已经完成了，但我不知道是否说服了她。没关系的，德沃拉，若是没有你，本书和其他大多数书一样，绝不会诞生。我爱你！

目 录

第四章 建设军队

第五章 战争的行为

第六章 论战略

第七章 海战

展望 变革、连续性和未来

导　言

军事理论的危机

一、研究战争

战争是世界上的头等大事。在危难来临之际，战争支配着国家、政府和个人的生死存亡。这就是战争可能百年一遇，但必须时刻为之做好准备的原因。当冰冷的身体陈尸僵土，幸存者在它们身边哀悼时，那些负责战争的人们已经失职了。

关于战争的书籍浩如烟海，假如把它们堆放在“泰坦尼克号”（Titanic）上的话，这艘巨轮即便没有撞上冰山也会沉没。从约公元前400年的修昔底德（Thucydides）至今，涌现出了许多优秀的军事史学家。他们对我们理解战争的贡献是如此巨大且与日俱增，然而，历史和理论不是一回事。历史聚焦的是特定的、暂时的和不可重复的事情，它着重记录已经发生的事情，了解事情为什么发生，以及可能的走向是什么。理论（稍后会有更多的论述）则试图探求模式，并提炼出那些适用于不同时间和地点的共性特征。对理论来说，它既详细描述主题，有时又做定性分析；它努力探索原因和目的是什么，应该分为几个部分，与其他所有事物的关系如何，以及如何应对和管理它。

在人类思想和行动的每一个领域，优秀的思想家都比比皆是。他们考察了不同的主题，无论是美学、伦理学、逻辑学或是上帝的存在，并把它们划分为各个分支部分。接下来，他们以各种全新的、意想不到的方式进行重组，以帮助读者拓展知识并获得理性认识。不过，两千五百年以来，只有孙子和克劳塞维茨这两位是真正意义上的军事理论家。其他所有人，包括一些他们同时代的名人，多少都被人忘却了。

例如，弗龙蒂努斯（Frontinus，约公元40—103）、韦格蒂乌斯（Vegetius，5世纪上半叶）、拜占庭皇帝莫里斯（Maurice，539—602）、安托万-亨利·若米尼（Antoine-Henry Jomini，1779—1869）、巴西尔·利德尔·哈特（Basil Liddell Hart，1895—1970），等等，以及只有军事领域少数专家才知道的其他许多名字。这甚至适用于尼科洛·马基雅维利（Niccolò Machiavelli）的《战争艺术》（*Arte dela guerra*，1521），① 这本书在两个世纪内被翻译成好几种语言，有许多不同的版本。不过，马基雅维利被人们铭记，主要是因为他的政治思想而非关于战争和军队的论述。

这么多理论家被遗忘的原因是显而易见的。有些人声称，战争是一种具体的事务，这样说的人多了，便阻碍了对战争的抽象思考。战争与演奏乐器，或在更高层次上，与指挥乐队有许多共同之处。那些发动战争的人这样做，是为了在战争中获胜，而非提供各种理论洞见。即便最好的军事理论，也不能把我们从敌人的利剑下拯救出来。这一事实使得大多数理论家们（他们希望向那些头脑务实的指挥员们提供实际的建议），聚焦在了如何组织战争、发动战争、指挥打仗等方面。

在他们这样做的时候，往往忽视了两个事实。第一，没有两次武装冲突是完全相同的；第二，作为人类历史上的一个不可或缺的部分，战争本身永远在变化并将继续变化。前一个问题使得许多理论家徒劳或迂腐地追求

---

① 尼科洛·马基雅维利《战争艺术》，又译为《兵法》，该书写作于1519—1520年，曾取名拉丁文 *De re Militari*（《论军事》）。1951年8月16日首次出版时，书名为意大利语 *Arte dela guerra*。——译者注

各种“原则”或“格言”；后一个问题则把他们局限于特定的时间和地点，使之陷入那些早已变得无关紧要的细节之中。例如，有史以来最伟大的海军理论家阿尔弗雷德·马汉（Alfred Mahan，1840—1914）和朱利安·科贝特（Julian Corbett，1854—1922），都注意到了煤炭在海战中的重要性，后者在这样做的时候，英国皇家海军已经改用石油这种完全不同的商品。同样如此，其他无数的军事理论家也试图寻求领先时代，但很快就会被时代抛弃。

对于这一规律，只有两个人是例外。第一个是中国的兵圣孙子（约公元前544—前496），第二个是普鲁士的军事哲学家卡尔·冯·克劳塞维茨（1780—1831）。他们的论著撰写于以往的特定时代，他们的思想魅力却至今不衰。人们有时认为，每一个对战争主题感兴趣的人都应该去阅读和理解他们的著述；有时人们又认为他们的思想太陈旧、太局限、太抽象，或者这样那样的原因，从而被人们忽视掉。尤其是克劳塞维茨，他被引用的次数远远多于被阅读和理解的次数，但实际上，这两个人都是超群绝伦的巨人。只要战争还存在，他们就会以各种形式持续存在下去。假如那些声称战争正走向没落的人是正确的，那么他们这种观点会持续更长时间。

这并不是说这两个人的著作不存在不足之处——尤其是克劳塞维茨的《战争论》（*On War*），在作者1831年去世的时候，它基本上还是一些混乱的论文。

第一，无论是孙子还是克劳塞维茨都没有论述过战争的起因和目的。就孙子而言，他开宗明义地说，“兵者，国之大事，死生之地，存亡之道，不可不察也”。[①] 但此后，他并没有把战争归咎于任何人或任何事，而是直奔战争准备和战争行动而去了。

与之不同的是，克劳塞维茨把战争定义为“政治的继续”。但“政治”（Politik[②]）这个词，既可以用来指政策（policy），也可以用来指政治学（politics）。在克劳塞维茨生活的普鲁士，君主允许人民讨论赢得战争的最佳方式，甚至提交正式的书面异议。但克劳塞维茨从不怀疑，一旦君主或其代表发布了命令，指挥官和士兵们就应该采取行动，平民们也会如此。正如1806年10月普鲁士惨败于拿破仑[③]之后，柏林总督所说的，无论如何他们必须保持冷静。换言之，克劳塞维茨既忽视了政

① “War is a matter of vital importance to the state,” Sun Tzu, *The Art of War*, S. B. Griffith, trans., (Oxford: Oxford University Press, 1963), p. 63.

② Politik为德语，指政治、政策。——译者注

③ 此处是指拿破仑战争期间的耶拿—奥尔施塔特之战。1806年10月27日，拿破仑军队横扫普鲁士进占柏林。——译者注

策可能服务的目的究竟是什么，又忽视了开战的原因究竟是什么，这就严重夸大了统治者肆意发动与进行战争的能力。

第二，无论是孙子还是克劳塞维茨都没有论述过经济和战争的关系。孙子至少通过评述战争的巨大代价提出了这方面的警告，克劳塞维茨则几乎未有涉及。假如有人问他为什么，他无疑会说经济虽然必要，但并不构成战争本身的一部分。严格地说，他可能是对的。不过，正如弗里德里希·恩格斯（Friedrich Engels）特别指出的，经济学这门“枯燥的科学”对于战争，以及战争对于经济学如此之重要，以至于忽视它们只能被称为一种严重缺陷。可以肯定地说，在第二次世界大战和许多其他战争中，经济比任何军事行动更能决定结果。

第三，孙子和克劳塞维茨军事论著的读者对象主要针对军队高级指挥官。他们的论著不是面向普通人的，他们使用的例证反映了这一事实，最初的读者也是如此。孙子的《孙子兵法》（*The Art of War*）和中国类似论著一样，从未打算过出版，它被密藏在档案中，只有少数人才能接触到。《孙子兵法》已知的最早文本，是在公元 2 世纪的皇家墓穴中发现的，这绝不是偶然的。《战争论》则最初只出售给普鲁士军官。

由于这种自上而下的思考，这两本书都倾向于使战争，特别是普通士兵经历的战争，显得比实际情况更为合理且易于服从控制，但是他们忘了，战争中一个命令被执行的同时，有好几个甚至许多个从来没有被执行过。这在孙子那里尤为明显。与跟他近乎同时代的孔子（Confucius）一样，孙子聚焦的是精英阶层，无视其他普通士兵。在说完战场上的一切看上去很乱之后，他忘了加上一句：对所有战斗者来说，这不仅是混乱，而且是最可怕的一种混乱。通常，只要他们自己还活着，军队除厌倦、饥饿、疲惫和恐惧以外，几乎没有时间反思任何事情。从1815年起，当不断增长的猛烈火力支援导致军事操练被抛弃，“空旷的战场”开始出现之时，情况就不再是这样了。在不同的、经常变化的、难以分清派别的内战中，情况更是如此。很少有人提到这样一种可能性，即士兵（更不用说平民了）可能有自己的想法，而且这些想法在所有层面上影响战争行为。

无论是孙子还是克劳塞维茨，都不能说他们完全忽视了军队的训练、组织、纪律和领导，但他们这方面的论述并非没有缺陷。孙子仅说过几句军事格言，克劳塞维茨关于军事组织的章节大多已过时，例如协调步兵、骑兵和炮兵之间最佳方式的内容。更糟糕的是，在《战争论》中，“武德”“胆量”“毅力”等因素都属于“战略”的范畴，这既不符合作者关于这个词的定义，也不符合我们今天的概念。

第四，孙子和克劳塞维茨几乎都忽略了战争的工具，即广为人知的军事科技领域。孙子对此有过几句论述。克劳塞维茨提到了它，但只是说它和战争有关，就像铁匠的手艺和击剑的艺术有关一样。两位作者都很清楚，战争是用剑、矛、弓、枪、炮等武器工具进行战斗。他们必定也很明白，科技乃是决定在任何特定时间和地点进行的战争形态的最重要因素之一——正如英国军事历史学家和战略家富勒（J. F. C. Fuller）曾说过要寻找正确的武器一样。同样明显的是，他们并没有把科技看作一个值得深思的根本因素，原因似乎是，他们仅看到当时的军队都在使用大致相同的技术。而从 1815 年开始，那种几乎不言而喻的快速的军事技术进步，在他们的书中并不存在。

第五，孙子和克劳塞维茨都没有过多地谈论参谋业务、后勤和情报。克劳塞维茨谈到的某些内容，例如一支军队所需的帐篷和马的数量，早就过时了。然而，参谋业务和后勤是战争的基石。用第二次世界大战英国陆军元帅阿奇博尔德·韦维尔爵士（Archibald Wavell,

1883—1950）的话来说，战略的组合是很简单的，因为任何外行都能掌握；职业军人则主要是通过管理后勤（它被定义为调动军队并提供保障的实践艺术）来证明自己。一个战略家坐在扶椅上看着地球仪，很容易决定本国的航母该部署在哪里。但在离开港口之前，如何将数万件不同物品装上一艘 9 万吨级的船只，必须有大量的专业知识。至于情报，两位作者都以各自的方式提到了某些方面内容。孙子强调了情报的重要性，并解释说一个指挥官为了得到它可以使用各种间谍。然而，关于情报的性质及其解释方式，孙子几乎未置一词。克劳塞维茨讨论了军事情报的性质及其在战争中的作用，但又很少谈及情报的获得方式。他们对这一主题的讨论，迫切需要扩展和更新。

第六，孙子和克劳塞维茨都强调了战略的至关重要性：即战略上的相互性、互动性以及决定作战行为的方式。孙子把战略上的相互性作为其著作关键，但又很少论及它。而在克劳塞维茨那里，战略的性质和后果问题，都淹没在其他许多不太重要的话题中，这正是现代战争需要讨论战略的原因。

第七，孙子和克劳塞维茨都对海上战争不感兴趣。这也许是因为，在他们那个时代，中国和普鲁士都不是海上强国。或者这反映了这样一个事实，即在第二次世界大战以前（包括第二次世界大战），陆军和海军是由不同的机构或部门管理的。海战可能比陆战历史更年轻，但海战的历史却被描绘在3000年前中国和埃及的浮雕上。从公元前480年导致波斯入侵希腊失败的萨拉米斯战役开始到1944—1945年的太平洋战争①结束，海战有时就像陆地上的任何一场战争一样具有决定性意义。英国人如果不是通过海战控制了海洋，绝不可能在1982年到达福克兰群岛，② 更不用说再次夺取了。

第八，显而易见，孙子和克劳塞维茨的论述都没有涉及空战（包括海空作战），太空战和网络战更是不可能。似乎没有任何一部现代军事著作，能把新型作战领域和传统作战领域联系起来，公平地讨论所有作战领域。此外，如果只是由于军事预算正在减少，那么在21世纪初最耳熟能详的呼吁莫过于“联合”了，这正是迫切需要这样一部军事著作的原因。

第九，同样显而易见，两位作者都没有提到1945年以来最重要的“战争”形式——核战争。太空战、赛博

① 此处太平洋战争时间有误，应为1941年12月8日至1945年9月2日。——译者注

② 原文如此，即马尔维纳斯群岛。——译者注

战（网络战、文化中心战、混合战、基于效果的作战以及几乎每天都会出现的其他各种作战样式），是否会像其发动者宣称的那样具有革命性，这一点仍有争议。不容置疑的是，核武器对战争作为一种政治工具的有效性提出了质疑，从而带来了军事史上前所未有的伟大革命。和巨大蘑菇云一样，核战争的阴影笼罩了一切，而且其影响会长期持续下去。那些忽视这一事实的理论——无论它们是在原子时代以前提出的，还是由于作者本人过错，都是很危险的。

第十，关于战争法，两人都没有多说。就孙子而言，这可能是因为当时很少有这样的事情，或者某些学者这样声称。就克劳塞维茨而言，他用只言片语便否定了它。克劳塞维茨说，战争的有关法律几乎没有减少战争的基本暴力。[①] 考虑到普鲁士惨败于拿破仑（Napoleon，1769—1821）的战争影响十分深远，这一说法是可以理解的，在某些意义上它也是正确的。但我们将看到，法律，无论是非正式的还是正式的，无论是不成文的还是成文的，在塑造战争中的作用和在塑造其他任何社会现象中的作用一样巨大。有人会说，自 1945 年前后以来，

① "Clausewitz says that the law in question..." C. von Clausewitz, *On War*, M. Howard and P. Paret, eds.,（Princeton, NJ: Princeton University Press, 1976）, p. 76.

战争法的重要性一直在增加。在某些情况下，战争法严格限制了反叛乱部队的作战能力。

第十一，两人都对非对称交战方之间的战争不太感兴趣。在这一语境中，“非对称”这个词有两种不同意义。首先，它可能意味着属于不同文明的共同体或组织之间的战争。对孙子而言，缺乏这种兴趣基于这样一个事实，即他是在战国时期①（约公元前453—前221）生活、指挥战争和写作的。他的生涯是在诸侯（中国人习惯地称为“天子之下”）之间战争不断的背景下展开的。孙子可能太轻视“野蛮人”了，以至于没有撰写专门的章节论及他们。克劳塞维茨对文明内部战争的关注，表现在他坚持认为欧洲军队日益彼此相像，这使得数量比质量更重要。实际上，在克劳塞维茨从事写作时，欧洲与世界其他地区的军事差距正在日益扩大，而且无论如何，当时的普鲁士王国不是一个殖民强国。

但是，“非对称”还有另一种意义。它可以指这样一种情况：相互对抗、进攻、战斗的不是双方的军队，而是完全不同的非正规军，他们又被称为自由战士（游击队）、叛乱分子、反叛分子、土匪，最后还有恐怖分

① 此处时间有误，战国时期应为公元前475年至公元前221年。——译者注

子。他们可能武装起来并在初期对抗比自己强大得多的军队，军队至少在初期可能面对的是比自己弱得多的非正规军。克劳塞维茨至少谈到过这个问题，并在《战争论》中用一章的篇幅予以论述，孙子则没有谈到。两人都没有提供一个既包含对称战争又包含非对称战争的理性认知框架，其他任何人也没有。正是由于缺乏这样一种框架，殖民国家才无力守住其帝国，美国和苏联在越南、阿富汗和第二次伊拉克战争中也都失败了。

促使我写作本书的最后一个原因是，作为一名从教多年的老师，我发现许多年轻人感觉这两位作者很难理解。孙子的问题在于他的军事论著的格言风格，以及他的众多弟子提到的令现代读者一头雾水的那些名字。克劳塞维茨的问题则在于他的作品的不完整性，以及他有时高度抽象的阐述方式。《新战争论》（*More on War*）将试图弥补这些缺憾，无论是那些自我强加的缺憾，还是那些缘于他们两人生活和写作的时间和空间的缺憾。这本论著将扩展那些由于各种原因被孙子和克劳塞维茨忽视或未曾触及的主题，并使他们的论著思想得以更新，如果这样做可行和值得的话。所有这一切，都是为了对他们已取得的伟大成就表示深切的钦佩和感谢。

二、实践、历史和理论

再次重申，发动战争、进行战争是一项实践活动，就像演奏一种乐器或在更高层次上指挥一个乐队。因此，让自己熟悉战争的最好方式之一（如果不是唯一方式的话），就是去实践它。俗话说，战争是学习战争的最好的老师。在其他条件相同的情况下，“管弦乐队”越庞大复杂，指挥家即指挥官的作用就越大。他最终负责协调其他所有人的努力并指引他们迈向目标，同时还要注意其计划不受敌人干扰和破坏。

指挥官必须从熟悉最底层的工作开始。正如古代历史学家普鲁塔克（Plutarch，约46—120）描写的罗马将军提图斯·弗拉米尼努斯（Titus Flamininus，公元前229—前174）那样：通过当兵，他学会了如何指挥士兵。接下来，指挥官必须一级一级地晋升，直到他们当中最能干的人达到最高级别。指挥官每晋升一级，他所面临的额外因素就会增多，发挥的作用也越来越重要。指挥官的职位越高，他通常需要协调和运用的武器装备、各类组织就越多。

指挥官既要熟悉其中的军事因素，还要熟悉许多其他的政治、经济、社会、文化和宗教等因素。所有这些因素都必须得以研究、掌握，并与其他因素相互协调。战争的本质就是这样，在最高层次上人类行为（无论是个人还是集体的）的任何方面都不影响指挥官的行为。因此，那些负责打仗的人无须过多考虑并采取行动。

纵观历史，某些指挥官几乎纯粹是凭借与自身天赋相结合的实践，到达指挥官的位置并施展其军事才艺的。以安德烈·马塞纳（André Massena，1758—1817）为例，拿破仑授予他陆军元帅，并称他是“我的军事帝国最伟大的名字”。[①] 马塞纳是一个半文盲农民的儿子——当过中士并在重新入伍前当过两年走私商，他从未进过一所军校，却一步步爬到了军队的顶层。第二次世界大战中最著名的德国将军之一埃尔温·隆美尔（Erwin Rommel，1891—1944），也没有上过参谋学院或高级军官军校。

还有一个例子是阿里埃勒·沙龙（Ariel Sharon，1928—2014），他很可能是以色列国防军有史以来最有天赋的作战指挥官。1948 年，年仅 20 岁的沙龙就冒着瓢泼大雨在黑夜中保卫特拉维夫附近的家乡，勇敢地抵御入侵之敌。很快，沙龙就展现出非凡的作战能力，从而

① “The greatest name of my military empire”, Quoted in N. D. Wells, “In the Support of Amorality.”

跨过了军官学校培养阶段，直接被任命为部队指挥官。

然而，无论是经验还是天赋都不够。任何一个人的经验，都很难涵盖他必须应对的全部挑战因素，假定他担任更多职务并承担更大责任的话。正如普鲁士国王腓特烈（Frederick，1740—1786）大帝所说的，如果单纯讲经验的话，那么最好的指挥官应该是萨伏伊（Savoy）的奥地利指挥官尤金王子（Eugene，1663—1736）骑的那头骡子。① 更糟糕的是，经验会使那些拥有经验的人不考虑事情变化带来的新影响。事情变化得越快，面临的危险就越大。

天才，顾名思义，少之又少。既然人们无法预测或命令天才何时在历史上产生，那么天才也是不可靠的。据说斯大林在二战的一个黑暗时刻说过："我们没有兴登堡这样的军事人才。"② 兴登堡是不是天才，在此并无争议。问题是，既然那些注定要担任高级指挥官职务并渴望行使这一权力的人大多不是天才，那么他们必须依靠学习和教育来尽力做到最好。正如克劳塞维茨所说的，

---

① "Had experience been enough", Karl Demeter, *The German Officer-Corps in Society and State, 1650-1945* (New York: Praeger, 1965), p. 67.

② "We do not have a steady supply of Hindenburgs", J. V. Stalin to L. Z. Mekhlis, 1942, at http://en.wikipedia.org/wiki/Lev_Mekhlis.

从知识到能力，是一大进步；从无知到精通，是更大的进步。①

未来是未知的和不可知的。假定它将像过去一样危险，那么没有比战争更危险的了。然而，学习和教育只能基于过去的经验，并且最好是他人的经验，因为在战争中，任何教训的获得往往都必须付出血的代价。经验经过一定的研究、总结并得以清楚地表述出来，便被称为历史。对于军事历史，拿破仑曾说过，任何一个有抱负的指挥官都应该“反复研读亚历山大（Alexander）、汉尼拔（Hannibal）、恺撒（Caesar）、古斯塔夫斯·阿道弗斯（Gustavus Adolphus）、图雷恩（Turenne，法国指挥官）、尤金和腓特烈大帝的战役”。② 这位皇帝补充说，他本人也应该“以他们为榜样，这是成为一名伟大舵手的唯一途径。（他）自己的天赋将通过这种研究得到启迪和提高，而且（他）将学会拒绝一切与这些伟大指挥官的原则相悖的格言”。

请注意，上述这七个人中，有三个生活在拿破仑时代以前的18个世纪，这些时代和拿破仑时代完全不同。

① “From knowledge to capability is a great step”, Clausewitz, *On War*, p. 147.

② “Peruse again and again”, *Napoleon's Military Maxims,* W. E. Cairnes, ed., (Mineola, NY: Dover, 2004), p. 80.

许多学生将拒绝承认古代的（和中世纪的，虽然拿破仑没有这样说）军事史可能和处理近代事件的军事史一样有用，因为他们习惯于持续快速的变化，甚至认为这是理所当然的。毕竟，一个人从那些以长枪为最强大武器、以骑马信使为最快捷通信方式的军队中，能学到些什么呢？

这种错误如此普遍，以至于克劳塞维茨也不能幸免。他所撰写和绘制的详细研究，只能追溯到 17 世纪 30 年代的古斯塔夫斯·阿道弗斯。更早的战争只是顺便提及了一下，而且是为了表明它们是多么无关紧要。克劳塞维茨说，具体而言，古代历史没有任何教训可以提供给那些实际上负责准备和发动战争的人，这样的教训只能在最近的战争（其组织和装备和他自己的时代差不多）中才能找到。至于“最近的”可能是什么意思，他提供的不是一个而是三个不同的答案。很难找到一个更明确的迹象，表明他把军事史这个问题想透彻了。我崇拜大师，但对这一点却不认同。

此外，克劳塞维茨错误地假定，军事史的主要价值在于它能提供可以遵循或避免的“教训”，这样的“教训”一毛钱一打。它们往往也是矛盾的，并可以被用来证明任何实际的东西。相反，克劳塞维茨在挖掘和揭示一种现实（正是因为它完全不同于现在）的过程中，可能为我们提供一种比较的基础。历史尤其是时代久远的历史，就像一面放大镜，它可以映照所有的瑕疵，使那些审视它的人从中学习和改正它们。用另一个比喻来说，学生就像一个学徒，他花了很长时间生活和工作在外国文化中，研究并沉浸其中，就可能对那种文化有更深的理解——这是不言而喻的，但更重要的可能还是他自己的文化。

最重要的是，克劳塞维茨应该而且必须意识到，熟悉的东西不一定是存在的全部。熟悉的东西或是可能存在的，或是将要存在的，或是应该存在的。战争永远在以一种万花筒式的，往往非常迅速的、各种令人意外的方式变化着。这正是它是这样一种信念的原因，正如1891—1906年担任德国总参谋长的阿尔弗雷德·冯·施利芬（Alfred von Schlieffen）曾指出的那样，如果一个指挥官有什么应该防范的话，那就是“可想象的东西已经实现了”。但愿研究军事史将有助于防止这种错误，而且历史越遥远、越陌生、越不像现在，越应该这样防止。然而，只有在历史按照其自身逻辑方式被研究，而非只是当作对“起源”“教训”和“例证”的一种探求时，才能做到这一点。

理论是建立在历史基础之上的。除宗教（“上帝的意志”）、占星术、魔法、直觉和“常识”（常常被用来代替研究）以外，历史乃是理论借以建立的唯一基础。的确，没有哪一种理论能够公正地对待生命的复杂性。但另一方面，对理论来说，历史提供的任何教训都可能是模糊的，都可能导致手段支配目的。没有理论，那些既没有机会通过经验习得一切，又没有天赋的大多数人，将无法区分相关的东西和无关的东西。每当他们从事某项事业时，都要从头开始。马汉提出，甚至纳尔逊勋爵①（Lord Nelson）也能做一点正式的研究，特别是在马汉的早期，当时还没有要求海军军官进行研究。最后，没有理论，就没有共同理念的语系，也没有共同的术语。至于没有这种术语会发生些什么，请看《圣经》中巴比伦塔②的故事就知道了。

理论既不应该是重复且显而易见的陈述，也不应该是一堆难以理解的命题——往往是模糊的、矛盾的和不相关的，更不应该试图预见一切可能发生的事情，并提供一种教科书式的解决方案。理论既不应该是一本手册，

---

① 纳尔逊勋爵（Lord Nelson）为霍雷肖·纳尔逊（Hortaio Nelson，1958—1805），英国风帆战列舰时代的海军将领和军事家。——译者注

② 巴比伦塔又称巴别塔、通天塔，来源于《圣经》“创世记”。——译者注

也不应该是一份自我完善的简易清单。理论在最理想的状态，只能是对历史提供的那些经过编撰的例证、类比和原则进行概括的一种尝试。理论把研究主题分解为不同部分，把本质的东西和非本质的东西区分开，考察每个事物的本质，并分析它们彼此之间以及它们和其他事物之间的关系，最后再把它们重新组合在一起，以启发和帮助那些研究它的人。

一种有价值的理论，必须满足许多要求。第一，它必须意识到其自身的局限——它能做什么，最重要的是不能做什么。第二，它必须在所讨论主题的性质允许的情况下，精确地界定该主题。第三，它必须尽可能地统一、系统、全面、简约。第四，它必须足够翔实以便有用，但又不能过于翔实以致混乱；它必须合乎逻辑，但又不能脱离它赖以建立的历史事实；它必须是稳定的而非教条的；它必须足够灵活，以适应不断变化的情况。

所有这些可能会使读者认为，孙子和克劳塞维茨的军事论著价值主要（如果不是唯一的话）在于，它们为军官在掌握和实施军事技艺的道路上提供了支持。这种观点是可以理解的，却是错误的。这就好像我们重视贝多芬，是因为欧盟把贝多芬《第九交响曲》的最后一个乐章当作欧盟的盟歌一样。

如果《孙子兵法》《战争论》和孙子、克劳塞维茨一样与众不同的话，那是因为这两部军事著作所做的，远比为指挥官提供指南针要多得多。当然，孙子和克劳塞维茨也做到了这一点，同时，他们也创造了某种地图，这种地图能因势而动，帮助人们认识可怕的战争。人们更喜欢思考艺术、美、正义、爱等流行主题，但军事主题的性质不应妨碍《孙子兵法》《战争论》的真正价值。作为人类精神的宝藏，这两部军事著作和上述思想家的著作具有同等重要的意义。

三、本书的计划

本书的最终目的是获得理解——对我自己，也许还有某些人。同时，我也试图使它有助于那些准备承担重大责任的人，他们有朝一日可能筹划和实施战争。我不是向他们提供一份格言清单，而是提供一种可以滋养他们自己思想的土壤。这样做意味着：

第一，试图让这本著作比《孙子兵法》或《战争论》更为全面。

第二，考虑到忙碌的读者只有有限的时间投入学习教育中，我限制了本书的篇幅，使之聚焦战争本质并避免陷入过多细节。

第三，我试图使用简单的、非技术性、非专业的语言。特别是，我想避免使用首字母缩略词——它们像血管中的血块一样漂流，随时可能堵塞人们的大脑。我感到安慰的是，孙子和克劳塞维茨都没有使用它们。为方便起见，书中男性代词用于指代两性。

第四，我尽量把抽象推理、历史例证和引经据典有机结合起来，以这样一种方式使它们互相启发，形成一个不可分割的整体。

总之，这些就是我的目标。至于它们是否实现了，还是让读者来评定吧。

第一章

为何而战

第一节　情绪和驱动

严格地说，战争的起因并非战争的组成部分，就像蛋是鸡生的，但它并非鸡的组成部分一样。在这个意义上，孙子和克劳塞维茨都近乎忽略了这个问题，这并没有错。不过，研究鸡的本质、生命、质量和行为，知道它的生命始于鸡蛋内部而非哺乳动物雌性的子宫，或像细菌那样通过细胞分裂而产生，这仍是有用的，这一点同样适用于战争。

几千年来，和平与战争如此交织在一起，以至许多人把战争理解为一种固有的东西。战争是人类生活中的一个正常的、可怕的组成部分，这一点无须进一步解释。大多数人憎恨战争，饱受其苦，并哀叹其恐怖。荷马（Homer）在《伊利亚特》（*Iliad*）① 中称它为“残暴的，人类的祸害”。阿瑞斯（Ares）是所有神中“最可恨的”。② 但除了那些关于早期黄金时代的某些神话传说，

① 《伊利亚特》（*Iliad*），古希腊经典文学作品，相传由盲诗人荷马所作，主要叙述希腊人远征特洛伊城的故事。——译者注

② “The most hateful god.” *Iliad* 5. 583.

人们还是顺从了战争。例如在古希腊，许多和平协议根本不是真正的和平协议。正如人们假定修昔底德说过的（但他从未说过）的那样，和平是“永久战争中的停战”，被明确地设计为多少年以后失效。1609 年，西班牙和荷兰共和国曾同意暂停敌对行动，① 待协议结束后两国就应当继续打仗。后来，两国真的又打起来了。

战争是不言自明的，以至于很少有人能够想象一个没有战争的世界。这甚至适用于许多“乌托邦”作家，包括写《理想国》（*Republic*，约公元前 420）的柏拉图，写《乌托邦》（*Utopia*，1516）的托马斯·莫尔和写《克里斯蒂安波利斯》（*Christianopolis*，1621）的 J. V. 安德烈。他们想象的共同体是专门组织起来的，在某些情况下主要是为了发动战争而组织起来的。在约翰·弥尔顿的《失乐园》（*Paradise Lost*，1667）中，天使们在天上交火。必须解释的是，何谓和平，是一种人类生活长期共存而又不诉诸更多暴力的能力，这一观点仍有市场。

由于这一背景，有些人相信寻找战争的原因和动机，要么代表了一种学术训练，要么代表了一种纯粹宣传，便毫不奇怪了。这两者有时候在同一个人身上得到了统

---

① 1609 年 4 月 9 日，西班牙和荷兰在安贝雷斯达成协议，签订了《十二年休战协定》，亦称《安贝雷斯条约》。——译者注

一。以普鲁士的腓特烈二世这位 18 世纪最著名的“开明”统治者为例，有的时候，他披着自以为是的思想家外衣，抱怨自己“注定要发动战争，就像牛必须耕地、夜莺必须歌唱、海豚必须在海里游泳一样”。① 他感叹，如果把时间花在与伏尔泰在无忧宫（Sans Souci Palace）② 交谈该有多好！在另一些时候，他又扮演着一个渴望权力的君主和统帅的角色，表现出玩世不恭、自由放任的态度。

最基本的解释是，战争是人的内在恶或宗教人士所说的原罪的产物。《塔木德》（*Talmud*）中说：“人从年轻时起就倾向于恶。”孙子说：“兵者，诡道也。”③ 无论是否有宗教背景，人们时常会让他们自己受自身最坏、最卑鄙和最邪恶的品质（如贪婪、仇恨、嫉妒、复仇、嗜血和残忍）所支配，结果便是持续和普遍的失信与恐惧。通常，这太有道理了。

失信和恐惧又反过来迫使人们争权夺利。用伟大的英国政治学家托马斯·霍布斯（Thomas Hobbes，1588—

---

① “Doomed to make war”, *Correspondence Letters between Frederic Ⅱ and M. de Voltaire*, Th. Holcroft, ed.,（London: G. J. G. and J. Robinson, 1809）, p. 7.

② 无忧宫（Sans Souci Palace），指 18 世纪普鲁士国王腓特烈二世模仿法国凡尔赛宫所建的一座王宫，取法文名“无忧”。——译者注

③ “There is defeat and cunning”, Quoted in Ling Yuan, *The Wisdom of Confucius*（New York: Random House, 1943）, pp. 157-158.

1679）的话来说，这种争夺“只有在死亡时才会停止”。[1] 这些情绪以及类似情绪的复杂互动，对我们世界中的所有恶（包括战争这种最大的恶）都有责任。

许多人将这一逻辑本末倒置，认为战争起源于天谴。8 世纪的先知以赛亚说得好，他宣称，对犹太的罪，耶和华将“从远处向万国举起旌旗，从地极向他们嘶吼；看哪，他们必疾速而来；在他们中间，没有人疲倦，也没有人跌倒；没有人沉睡，也没有人睡去。他们的腰带不能松开，他们的鞋带也不能断开；他们的箭是锋利的，他们的弓是弯曲的，他们的马蹄要像燧石一样，他们的车轮要像旋风一样；他们的吼叫要像狮子一样；是的，他们要吼叫，要抓住猎物，要把猎物安全地运走，谁也不能把猎物抢走”。[2] 这种观念在某些地方仍很流行。

1900 年前后，人们常说“好战的本能”。战争是一种驱动的产物，这种驱动源于自然并或多或少地根植于每个人身上。它总是使人们互相争斗，并可能一直这样持续下去。后来的几代人更喜欢说“侵略”而非“好战”，“驱动”而非“本能”。他们还试图用新的生物学

---

① “Ceases only in death”, Th. Hobbes, *Leviathan* (London: J. Palmenatz, ed. Collins, 1962) , p. 135.

② “Lift up the ensign from afar.” *Isaiah* 5: 26.

发现来锚定这种驱动：先是荷尔蒙，后是基因，再后来是大脑中的所有过程。然而，既然他们也把战争归因为一种情绪或驱动（通常是一种坏的东西），那么这种观点只是延续了以往的说法而已。

进化论的不同之处在于，它不是静止的，而是和"进化"的观念相联系的，并通过进化观念取得了进步。进化论是查尔斯·达尔文提出的，并以社会达尔文主义的形式被应用于人类事务中。那些像普鲁士将军、军事历史学家弗里德里希·冯·伯恩哈迪（Friedrich von Bernhardi，1849—1930）一样的思想家们论证到，战争是一种方法，实际上是终极之法，是自然为选择"适者"而设计的。人和生存环境的关系就像鲨鱼和海洋一样，它们必须游泳或溺死、生长或腐烂。这种理论以一种庸俗化的形式被广泛接受，而且不只在德国。

但"适者"的确切含义并不清楚。对于动物（包括和我们关系最近的黑猩猩），它可能意味着智力、体力和健康的结合，以及一种可能根植于个人的荷尔蒙或基因而形成的竞争、侵略和支配的倾向。对于我们人类这个物种，每个人的社会位置的变化不仅取决于个人品质，而且取决于出生前的社会因素。换言之，"适者"取决于历史。

血统、继承和财富，天然地让一些人拥有一定的社会地位，但是，这些社会地位并不是他们通过自身努力获得的。虽然也有例外，但是缺乏这些东西往往限制了那些最聪明、最强壮、最有支配权力的个人所能达到的地位。尽管如此，社会达尔文主义者认为，生命（包括人的生命）是一场残酷的、无情的、永恒的斗争。“自然”需要许多美丽的花朵被践踏，仅仅是缘于它们的弱小无力。即便如此，这也比被替代、退化和最终灭绝了更好。给定了这些选择，个人和共同体便别无选择。

与战争是进化的产物和方法这一观念相连的，是性选择的观念。人们已经在达尔文的著作中发现了这样一种观念，即性（它使雌性比其他物种更喜欢合适的雄性）对进化来说是至关重要的。后来的遗传学家拓展了这一观念，他们论证到，战争并不能通过把“适者”（无论它可能意味着什么）带到社会的顶层来帮助进化。战争所做的，就是让胜者有更多机会接触到有生育能力的妇女。胜利者播下了他们的种子，留下了他们的基因。从进化的角度看，这正是成功的含义——正如《旧约》所说的那样，“要生养众多、在地上昌盛繁茂”（Be fruitful and multiply and replenish the earth）。

反之亦然，正如火星和金星之间持久的联系①所显示的那样，战争使那些战斗中的人渴望性。这究竟是因为他们与其伴侣相分离，还是因为无意识地希望在临死前留下某些东西，或是因为他们的荷尔蒙，原因很难说。性驱动在战争中可能发挥什么作用的一个早期例证，出现在《伊利亚特》中。阿凯亚人（Achaeans）在特洛伊待了十年后已经受够了，他们打算回家，并不顾领袖的劝阻冲回自己的船上。这时，一个智叟内斯特（Nestor）站出来高喊让他们留下，直到每个人都“睡了一个特洛伊男人的女人”。② 这一招果然管用，他们都留下了。

强奸总是伴随着武斗。胜者有时把强奸用作羞辱败者的武器，但并非总是这种情况。一位目击者——作家西蒙娜·德·波伏瓦（Simone de Beauvoir，1908—1986）说，1940 年德军刚进巴黎，就被法国妇女（全职女性和兼职女性）包围了。1944—1945 年，易北河两岸的盟军士兵也办过一次舞会，英美两国士兵用香烟、巧克力和尼龙丝袜“收买”女性。最初的强奸狂欢结束后，苏联人为了同样的目的用面包和咸鱼“收买”女性。许多妇

① 西方占星学认为，火星和金星之间的持久联系充满着情欲渴望和性吸引。——译者注

② “Slept with one of the Trojan men’s women.” *Iliad* 2. 355.

女通过委身于部队的一名高官（如果可能的话）来获得安全，这名高官将保护她们免受他人伤害。无论自愿与否，性传播了男人和女人的DNA。地球上最常见的人类基因，据说可以追溯到所有征服者中最伟大的征服者成吉思汗。[①] 他曾说过，生活中的最大乐趣就是在被打败的敌人眼前拥抱他们的妻女。

但是，难道战争没有反映我们的一些最优秀、最崇高的品质吗？毕竟，战争不仅是一些人给另一些人带来死亡和痛苦。战争也要求人们在为一项“事业”而战的同时，准备吃苦、自我牺牲甚至献出自己的生命。

这个“事业”，如果你喜欢的话，可以称之为神话、上帝、国王、国家、旗帜，或任何东西。这些东西是由当时的历史决定的，而且因事而异，它们最终究竟是什么并不重要。“事业”是群体的化身——群体的生存濒临险境，个人的生命因此受到威胁，这就要求他做得更多，而不只是认识和理解问题的缘由。人们必须全身心地感受和体验这种“事业”的伟大。如果有比事业更伟大、更美好、更值得呵护的“新来者”出现，人们可以

---

① Genghis Khan, See on this D. L. Hartl, *Essential Genetics: A Genomic Perspective* (Boston: Jones and Bartlett, 2011), pp. 159 - 160, at http://news.nationalgeographic.com/news/2003/02/0214_030214_genghis. html.

为之牺牲一切，例如，“不自由，毋宁死！”

对有些人来说（这些人之所以能睡在自己的床上，只是因为有人站在那儿保护他们），战争源于我们身上最优秀、最崇高的品质这种观念是可憎的。但这并不意味着战争没有优点。恰恰相反，人类一些最伟大的哲学家和艺术家都认可它。毕竟，正是杀人者将生命置于危险之中这一事实，把战争和处决、屠杀、种族灭绝区分开来了。无论有意与否，混淆这些东西，是无知的表现。

许多战争都曾伴随处决、屠杀和种族灭绝。有时，以这种行为杀死的人比参与的冲突杀死的人还要多。然而，战争和暴行并不一样。社会很少有人会尊重刽子手，他们偷偷溜回家，常常被人们鄙视和回避，而那些冒着生命危险或为了自己信仰的事业牺牲的人，则总是为人们所赞颂。这样做，不正是表现了人类身上所有最优秀、最崇高的品质吗？

对亚里士多德来说——他是把《荷马史诗》灌输教育给亚历山大大帝的哲学家，人类最高的英雄品质就是卓越，这一品质标志着一个愿为崇高事业而战死的人过上了光荣的生活。很久以后，像乔治·弗里德里希·黑格尔（Georg Friedrich Hegel，1770—1831）和弗里德里希·尼采（Friedrich Nietzsche，1844—1899）[①] 这样的思想家几乎在所有事情上意见都不一致，但是，他们都同意战争是对国家（黑格尔）和个人（尼采）的最高考验。顺便说一句，两人都亲身经历过战争。前者家里的房子在1806年拿破仑对普鲁士的战役中被烧毁，后者曾在1870—1871年的普法战争中驾驶过一辆救护车。

但是，对于战争的威胁，黑格尔认为，维系共同体的一种力量可能是自私的“利益”和专制主义的结合。尼采则认为，战争是人类文化生长的必要土壤，能激发更多的创造力。同样也因为战争，人类就会沦为动物一般，挖土、吃饭、睡觉、做爱、找乐，就犹如罗马人所说的“面包和马戏”，或尼采所写的“最后的人”。而且，那些众所周知的人类文化就会缓慢、无痛、无聊地终结。

德国戏剧家、诗人弗里德里希·席勒（Friedrich Schiller，1759—1805）说：“谁能面不改色地看待死亡/现在，只有士兵才是一个自由人。”被遗忘的是过去和将来、因果和奖惩，就像雨后天晴一样。自由乃是成就自我的机会，它解释了快乐的迸发，那些经历过战争恐

① 尼采去世时间有误，应为1900年。——译者注

怖的人经常会体验到它。这种快乐不是很少，而是恐惧越大，快乐就越大，至少在一段时间内是这样。某些心理学家声称，现代社会中很多不敢杀人的人，却不得不学会杀人，因此，他们的心理必然深受创伤。然而，他们经常谈及“战斗情绪高涨”，认为战斗情绪的高涨同肾上腺素的飙升紧密相关，这种感受并不新鲜。在《伊利亚特》中，国王阿伽门农“双手沾满鲜血”，到处残杀特洛伊战士，① 一直“拼命”号召他的部下跟随他。

纵观历史可见，只要有人厌恶战争，就会有另一个人沉迷于战争的“言语冷酷、毫无恐惧的狂喜”（欧内斯特·海明威）。② 他们当中既有好人，也有坏人，大多数人不好不坏。中世纪的骑士和诗人贝特朗·德·博恩（Bertran de Born，约1140—1215），写了一首关于这一主题的著名诗歌，其他许多人也有同感。这包括：罗伯特·E. 李将军，西奥多·罗斯福总统，意大利作家加布里埃尔·邓南遮（Gabriele D'Annunzio）和库尔齐奥·马拉帕特（Curzio Malparte），德国著名作家、普鲁士“梅里特奖”奖章获得者和《钢铁风暴》（*Storm of Steel*）的

① “His hands dripping with gore.” *Iliad* 11. 169.

② “Dry-mouthed, fear-purging ecstasy”, E. Hemingway, *For Whom the Bell Tolls* (London: Arrow, 2004), p. 243.

作者恩斯特·荣格尔（Ernst Juenger），美国将军乔治·巴顿，等等，而且，这份名单只包括那些真正经历过战争的人。第一次世界大战前夕，时任海军大臣的丘吉尔告诉他的妻子，这场风暴令他兴奋不已。无数的人都同意并感到，他们的生活像玩搭积木一样有趣，并渴望参与到某个赋予他们真正意义的伟大史诗中去。

美国哲学家、第二次世界大战老兵格伦·格雷（Glenn Gray，1913—1977）写道："破坏中的喜悦……具有一种狂喜的特性……人们感到被它赋能，被它攫取，从外部被攫取了。"① 1973 年 10 月的战争可能是以色列经历过的最困难的一场战争，每天阵亡的士兵多于其他任何一场战争。20 年后，退役将军、后来的总理阿里埃勒·沙龙告诉 120 名学生和我，这场战争"很伟大"。

所有这些都解释了无数人总是在玩各种战争游戏的原因，也解释了战争本身何以经常被称为最伟大的游戏。的确，这种快乐是暂时的。随着生活的延续，战争的位置不是被怀旧所代替——对战友情谊或肾上腺素，就是被对战争的强烈仇恨所替代。当然，快乐只是所包含的多种情感之一，但当这种破坏的快乐得以持续时，甚至

① J. Glenn Gray, *The Warriors* (New York: Harper & Row, 1970), p. 56.

可能压倒自称的和平主义者。

第一次世界大战时的英国诗人齐格弗里德·萨逊（Siegfried Sassoon，1886—1967），曾把索姆河战役开战的日子描述为“伟大的乐趣”。① 对他的朋友、作家威尔弗雷德·欧文（Wilfred Owen，1893—1918）来说，“那种走上山顶、缓慢前行、公开展示我们自己的作战行动”，能激发“异常的狂喜”。许多不同年龄的战士曾比较过杀人和做爱。在人类努力的每一个领域，做得最好的都是那些热爱他们所作所为的人。打仗有什么不同的理由吗？

第二节　从个人到集体

上一节主要阐释的一个问题是，战争不是个体活动，而是集体活动。因此，战争很难作为一种工具，更遑论选择“合适”个体的工具了。在任何一场战争中，首先死去的都是社会上“合适”的人，譬如青年男子。他们

① “Great fun” and following quotes: J. M. Wilson, Siegfried Sassoon, *The Making of a War Poet* (London: Duckworth, 1998), pp. 179-180, 221, 268, 291, 317, 319, 510.

被杀是因为合适，而非不合适。数个世纪以来，非洲和亚洲社会曾轻易被帝国主义国家打败和征服，后来它们手握钢枪挣脱了枷锁。但这并不能证明它们在任何方面都比先前的宗主国“合适”。可能是这样的吗？

个人情绪和驱动（无论好坏），在触发引起战争中的作用同样有问题。集体精神病这种东西确实存在。纳粹新闻影片就展现了，一个天才鼓动家在一段时间内是如何让成千上万的人分享同样情绪（包括最为暴力的情绪）的，但是，举起手臂、紧握拳头、瞪大眼睛，张开嘴巴高喊“希特勒万岁”“犹太人去死”等口号是一回事；高度地组织动员起来、冷静而精心地策划和实施战争行动，则完全是另一回事。

诚然，战争总是有沦为一场野蛮屠杀的危险。但是，致命的混乱和战争并不一样。从历史上看，前者可能先于后者。除非保持铁一般的控制，否则后者总是有回到前者的危险。这就是许多指挥官尽力限制与管理部队的原因，尤其是在胜利围歼敌人之后，部队有屠杀、强奸和掠夺等大量机会的情况下。其他军队，特别是罗马军队和蒙古军队都严格约束部队行为，甚至把屠杀、强奸和掠夺行为转化为一种在严格监督下执行的岗位职责，然而这种特殊职责往往令人心力交瘁。的确，这也是支撑罗马军队和蒙古军队赢得战争的一个重要原因。

个人情感和群体行动之间的差距如此之大，以至于许多学者倾向于少聚焦个人，多聚焦他们借以构成的共同体。还有人认为，这是一个老年人憎恨和害怕年轻人的问题，后者最终一定会赢。有什么比让他们互相残杀更好的途径来摆脱他们呢？这种解释留下了两个悬而未决的问题：第一，尽管战争杀死了年轻人，但也会以牺牲长者为代价把其他年轻人推上前台；第二，在大多数时间和地点，预期寿命如此之低，以至差不多每个人都很年轻。直到 1450 年，英国公爵们的家族人员也只能期望活到 24 岁！

大多数启蒙思想家都同意让–雅克·卢梭（Jean-Jacques Rousseau，1712—1778）的这样一种观点，即人的本性既不好也不坏。基于这种情况，他们把战争归咎于不公的政府。国王和他的贵族奴才们把战争当作了一种成年仪式，如果想让其同伴认真地对待他们，就必须参加战争。正如英国和西班牙之间的“詹金斯之耳战争”（“War of Jenkins' Ear”，1739—1748）所表明的，他们所说的战争理由可能很轻率。根据某些说法，七年战争（1756—1763）的真正原因是，弗雷德里克二世（Fredrick Ⅱ）戏谑称法国国王路易十五（Louis XV，

1715—1774)[①] 的首席女爵士蓬帕杜夫人（Madame de Pompadour）为德泊松夫人（Madame de Poisson，这是她的原名），这由此引起了她对弗雷德里克的憎恨，剩下的就是战争的历史了。难怪战争有时被称为“国王的游戏”，因为它是由王公贵族发起的，毫不顾他人利益并以所有其他人为代价。

有两个因素助长了发动战争的轻率性。首先，当一个大国疆域稳固、国家巩固的时候，军队在边境上或边境附近活动，国王们和情妇、奴仆则大多待在宫殿里，从而避免了任何个人风险。法国国王路易十四（1643—1715）本人也提出注意这个事实——70 多年来，他统治着这个最大、最稳固的国家。他说，无论失去哪座城市，他都仍然会留在他的王座上。为了满足他在回忆录中所说的对荣耀的渴望，成千上万的人不得不死去、更多的人在受苦，但这似乎并没有困扰他。

其次，不同阶层的群体，无论是统治者还是被统治者，都对本阶层的人存在共情，这种共情也能够跨越国界。战争中对峙的双方，也可能会惺惺相惜。不是每一个时代，一个要塞被围困的指挥官都会和对手礼貌地调

---

① 法国国王路易十五（Louis XV of France）出生时间有误，应为 1710 年。——译者注

侃并告诉对方，如果对方成功地亲吻了他的情妇，将允许亲吻她的全身；或者不会破坏对手的个人私产；或者归还对手丢失的望远镜；或者在一个胜负未决场合让对手先开火。这种超越国界的友好通过当代国际法，尤其是瑞士律师埃默里赫·瓦特尔（Emmerich Vattel，1714—1767）的贡献，得到进一步巩固和系统化发展。

战争起源于政治内部矛盾，这种观念的最重要支持者，是德国哲学家伊曼努尔·康德（Immanuel Kant，1724—1804）和美国出版家托马斯·潘恩（Thomas Paine，1736—1809），两人都是从君主制和共和制的区别开始思考的。君主制是由国王和贵族统治的，他们继承了天生职位，不需要对任何人负责。他们以上述方式参战，用它来交换省份，解决继承权，并报复对所谓“荣誉”的侮辱。有时，他们可能只是为了自娱自乐而这样做。共和制的统治者则对公民负责，并不享有这种特许。现代公民都在追求自己认为更有意义的事业，而不愿成为所谓的“好”统治者肆意任性的“炮灰”。后来许多自由主义者拓展了这一主题，声称实现“永久和平”（这是康德的一本著作的书名）的唯一途径，就是使所有国家民主化。

在19世纪和20世纪，许多社会主义者和共产主义者也看到了战争的根源在于集体而非个人的随心所欲，无论个体多么邪恶、罪恶、英勇、好战或者好色。卡尔·马克思（Karl Marx，1818—1883）认为，社会不会被任性的贵族和不幸的平民撕裂，但是他们被划分为资本家和无产者、资产家和工人、剥削者和被剥削者。资本主义的真正本质使资本家、资产家、剥削者越来越富，人数越来越少；同时使无产者、工人、被剥削者越来越穷，人数越来越多。

每个国家的资本家都经常缺乏原材料。资本家不能将产品倾销给底层的受压迫者，因为压迫者没有必要的购买力，这就迫使资本家进行激烈竞争并承受巨大压力，正是这种压力而非个人的贪婪导致了战争。无论是在国内、边境还是海外（在那里，战争采取了帝国主义扩张的形式），都是如此。后来，列宁和斯大林略做修改并接受了同样的论点，但是，为什么要局限于现代人关于战争根源的观点呢？24 个世纪以前的柏拉图就写道，贫富差距超过了一定限度就会导致社会停滞、国家内战。

其他社会因素也会引起内战。种族、宗教和文化上的差异也会衍生出分裂主义，进而发生战争。但是，牵涉其中的群体却能够在几十年或更长的时间内仍然相对和平地生活在一起。接下来，正如 1976 年的黎巴嫩战争和1991年的南斯拉夫战争①所表明的那样，仇恨和暴力最终引发了战争。还有，过剩的年轻男子无法谋生或找不到配偶。一个过于强大、专横、压迫的政权可能会引发武装起义，一个不够强大、无法控制民众的政权也可能引发武装起义。也许，把所有因素联系起来的最有力的原因是，人们普遍感觉生活其中的那个政体是不公正的。2010年12月的突尼斯就是这种情况，当时一名女"城管"打了一个小贩一巴掌，② 全世界都听到了，由此引发了"阿拉伯之春"。

这些问题以及类似的问题可能会转化为政治对抗，也有可能导致战争，但是，并非所有人都同意马克思所说的战争根源于政治内部的"矛盾"。从民主但好战的雅典开始，也没有更多理由认为某种政府天生就比其他政府更和平。相反地，从霍布斯到卢梭再到21世纪初的

---

① 1991年斯洛文尼亚宣告独立，导致南斯拉夫战争爆发。——译者注

② 根据《青年参考》（2011年5月13日第7版）刊载的《一巴掌扇出阿拉伯革命?》一文，这名突尼斯小贩名叫穆罕默德·布瓦吉吉，他在西迪布吉德市摆摊时遭到一名女"城管"的一记耳光，坚持让其出示证件否则缴纳罚款。在阿拉伯世界，扇耳光是极大的羞辱，同时女"城管"也喊冤"我没有打他"。2010年12月17日，穆罕默德·布瓦吉吉在无处讲理后，采用自焚这种极端方式抗议所遭遇的不公和屈辱。这一超常行为引起了一场声势浩大、波及很广、影响深远的"阿拉伯之春"运动。另有一说，2011年4月16日阿联酋海外新闻网报道，扇在布瓦吉吉脸上的一耳光，改变了阿拉伯世界的地缘政治。——译者注

“实在论者”，思想家们都指出了它们之间的关系。每当一个政体获得相对权力并变得更加安全时，其邻国就会变得不那么安全。然而，既然他们都不承认有一个尘世间公认的管理机构，那就没有解决分歧的法庭。

战争行动者是大是小、是少是多，最终都不重要。相对权力的变化越大越快，把系统所有成员的利益捆在一起的网络越紧密，矛盾问题就越尖锐。还有必要补充说明，这同样适用于那些各种政体偶尔形成的联盟吗？换言之，战争是国际无政府状态的产物。权利缺失的情况下，强权就是公理。

第三节　目的、原因和意义

上述关于战争原因的解释有些源于人的本性，另一些则源于社会结构和个人之间的关系。它们有一个共同点，即都适用于所有时间和所有地点的所有战争，或至少适用于特定时间和特定地点（比如在专制主义下或在资本主义下）的所有战争。这是它们不能解释特定的战争是如何产生的原因。21 世纪初，阿道夫・希特勒的一位知名传记作者不遗余力地试图表明，希特勒几乎从出生开始就是一个很坏的人。在这位作者看来，许多（即使不是大多数）德国人也是如此。他用这样一个事实来证明，当元首上台时，人们不必受胁迫便允许自己被诱惑，他们自愿向希特勒“看齐”。

这一说法既可能有效，也可能无效。无论哪种说法，都不能解释第二次世界大战爆发的原因。希特勒和德国人一直都是坏人吗？如果不是，他们是何时、因为什么、如何从他人和国家中分离出来的？比如，他们在1933年比后来变得更好了吗？在他们“坏”的时候，即在开始这场特殊战争的时候，为什么会以这种特殊方式反对这些特定敌人而非其他人呢？这些解释不正是一块大到足以掩盖无知，却毫无意义的遮羞布吗？

《塔木德》里讲道：“贪求一切，一无所获。”要解释特定战争的爆发，仅仅指出根本的原因或因素（无论它们可能是什么）是不够的。人们必须表明，那些因素不仅存在，而且影响了那些作出相关决定的人。也许，这样做通常是不可能的。

美国历史学家阿瑟·施莱辛格（Arthur Schlesinger，1917—2007），[①] 在观察肯尼迪总统在1962年古巴导弹

① 此处有误。应为小阿瑟·施莱辛格（Arthur Schlesinger，Jr.，1917—2007），美国历史学家和政治评论家。——译者注

危机期间的行动时发现，肯尼迪在决策过程中分析的许多因素是完全无关的。西德总理赫尔穆特·施密特（Helmut Schmidt，1918—　）[①] 也有过一次类似的经历。1977 年 10 月，一架汉莎航空公司的客机被劫持，降落在索马里的摩加迪沙，施密特派出了突击队前往救援。救援任务完成了，乘客们毫发无损，获得了自由。如果这一行动失败了，就可能导致施密特下台，更不用说许多人会死亡了。作为一个政治家，以“长鼻子”著称的施密特非常自信、理智。没有人能够指责他，当时他没有研究思考别人已经做过什么和他正在做的事情等。但正如他后来所写的，在做出救援或不救援的决定的那一刻，他曾了解的一切决策支撑因素，都像阳光下的雪一样消失了，剩下的只是行动的目的、成功率以及失败的后果。

概括地说，战争的发生不是偶然的。如同有人声称一战前几周内发生的事件预示大战爆发一样，我们所认为的一系列出乎意料的事情，也都“不可避免”地发生了。在某个时候，必须有人决定停止还是继续。希特勒

① 原著出版时施密特健在。赫尔穆特·施密特（Helmut Schmidt），德国联邦前总理，1918 年出生，于 2015 年 11 月 10 日去世，享年 96 岁。——译者注

停止了原计划于 1939 年 8 月 26 日开始的对波兰的入侵，那么，他肯定就会对 9 月 1 日的那场战争做同样的决定吗？

支撑这一决定的那些考虑，可能是慎重的或轻率的、正确的或错误的。在动员社会并使之支持战争时，它们可能成功，也可能不成功。但是，它们将涉及特定的仇恨、特定的敌人、特定的目标，尤其是特定的成本效益计算。无论如何，战争一定有一个特定“目的”。也许，一个统治者或指挥官从不会因为以下原因而发动战争：人的邪恶本性；他想牺牲自己并感受自由的崇高愿望；甚至那些导致国际竞争加剧的资本主义内部矛盾；等等。

希特勒可能是一个大坏蛋（尽管他自己不这样认为），这同样适用于德国人。但无论如何，这不是希特勒发动第二次世界大战的原因，他这样做是为了心中的一整套具体目的：他要为德国最近的战败报仇和翻盘；要消灭德国的敌人——英法两国，他们在尝试绥靖失败后，又拒绝了希特勒的扩张要求，两国被视为德国的敌人；要打破那些在第一次世界大战期间几乎把德国人勒死的限制；要为德国人争得“生存空间”；要确保德国人未来的千年。以上任何一种原因，都与希特勒可能是一个大坏蛋无关。战争是一种有目的的行动，是为了达到一定目的而故意发动的，在上述这种情况下战争是进攻性的，但在其他许多情况下又是防御性的。

人们口头宣称的战争目的，可能并非战争的真正目的。不管它们是不是，这些决定构成了政治的组成部分，合在一起，它们就是政治。那么，我们能得出以下结论吗？即只有口头宣称的目的才是重要的，而那些“深层的”或“根本的”原因（包括那些源于个人的原因和那些埋藏在共同体内部的原因，或源于它们之间关系的本质原因）都不重要。人们应该放弃对战争真正原因的关注，并在证据允许的情况下聚焦那些想要发动和实施战争的人的决定吗？这样做将是一个严重错误，原因有以下两个。

首先，没有人是一座孤岛。希特勒的决定反映了他要达到其目的的决心，但他的思想、整个人格都根植于他和同时代人看待事物的方式，对他们来说，希特勒构成了“客观的”现实。特别重要的是这样一种观念（希特勒和其他许多人认为它是理所当然的），即国际社会日常交往是一场无休止的霍布斯式的或达尔文式的资源和权力斗争。而且，正如希特勒在他的《我的奋斗》（*Mein Kampf*）和他未出版的“第二本书”中明确指出的那样，国际斗争只能通过武力来决定。另一种观念是，犹太人、共产主义者和斯拉夫人是德国的死敌，而且必须在他们摧毁德国之前将其消灭。但还有一种观念，即时间不多了，德国要么冲出包围，要么作为一个大国而灭亡。这些“事实”都不等于决定，但它们构成了一个总的叙事，舍此，希特勒所做的任何决定都是不可想象甚至毫无意义的。简言之，不考虑起因，就不可能理解已经发生和可能发生的事情。

其次，没有哪个统治者或指挥官（无论多么有权势）可以随时随心所欲、任意而为。埃及法老——那位对其祖母说他可以“对任何人做任何事”的罗马皇帝卡利古拉（Caligula）和斯大林，都是有史以来最有权势的人。但是，即使他们也不能永远带领人民任意而为，为此需要花费大量的时间和精力。他们也不可能在选择的任意时段，动员一支庞大军队，激励指挥官、激发士兵斗志，以一种不涉及任何人或任何事的纯意志行动发动战争，去打击任何敌人。

要做到这一切，这些统治者都必须首先确保其决定，与他们自己时代的及那些更普遍适用的所有（或至少是某些）“深层”力量相协调。否则，他们就可能遭遇1939年红军入侵芬兰和翌年墨索里尼参加第二次世界大战时意大利人的命运。正如这些史例和无数其他史例表明的那样，社会动员就是一切。《孙子兵法》第一篇“始计”中说，“道者，令民与上同意也”,[1] 大概就是这样的想法。

让我们想象一下：一列重型货物列车艰难爬坡行驶，列车是如何配置动力驱动同时保持安全运行的。列车由两辆机车驱动，一辆在前面拉着钢索，另一辆在后面让火车慢行。那么，列车是如何移动的呢？在实践中，负载是被分配到各车厢的。在任何时候，一些车厢被拉着，另一些车厢被推着，中间的几节车厢则在推拉之间不断转换。列车运行最经济的方式，是让两辆机车按其功率有比例地分担负荷，但这是一个很困难的技艺。正如中间几节车厢的行为所表明的那样，很难实现完美的协调。轨道越长或越短，问题就越大；当车头和车尾之间的差距太大时，问题就会出现，由于缺乏协调，列车就会停下来。

在其他条件相同时，来自上级的命令和战争的“深层”原因（既有个人的也有集体的，既有主观的也有“现实的”）对应得越紧密，成功的前景就越大。成功将孕育成功，但完美的匹配（如柏拉图的理想国）只存

① “Sun Tzu on estimates,” Sun Tzu, *The Art of War*, pp. 6-7.

在于天堂，时间越久就越难维持。如果部队各要素失配发展到一定程度，就会导致士兵丢盔弃甲，军队分崩离析，人民就会拒绝提供援助或发生叛乱。

第二章

经济与战争

第一节　资源和目的

严格地说，经济不是战争的组成部分。只是到了18世纪末时，经济才被视为一门独立的科学。经济被认为是所有人类生活的必要根基，这可以追溯到男人狩猎动物、女人采集果实以及两者都从事交换的时代。孙子曾言，战争“日费千金”。克劳塞维茨甚至几乎没有就此说过什么。然而，没有适当的物质基础，个人和群体组织都不可能存在，更不用说准备和发动战争了。马克思的朋友弗里德里希·恩格斯（Friedrich Engels，1820—1895）是完全正确的。没有什么比战争更能说明经济在人类生活中的重要性了。

对于最简单的原始社会来说，发动战争根本不是一个经济问题。一个战争领袖会宣布他的决定去突袭邻近的部落，并召集追随者。他们会带上武器，其中大部分是自己制造的，而且大部分类似那些狩猎的武器。他们会组成一个突击队，随身携带必需品或住在那个国家，没有人要求报酬或收到报酬，即使有的话也不会花费太多。只有在远征时间延长的情况下，经济问题才会出现，因为没有人通过狩猎或照顾家畜来赡养老人、妇女和儿童了。

随着社会的发展进步，情况就不同了，统治者和指挥官必须想方设法维持军队日常开支。有时候能够以战养战，但情况并非总是如此，因为那些被留下来的人也要生活。随着劳动力中最活跃的人口去打仗，剩下的人的生活水平可能急剧下降，但又不能让他们挨饿。此外，更尖端的武器（特别是金属武器）不是任何人都能造的，它需要复杂的手艺，而具有手艺的工匠必须得到报酬。

一般来说，社会越进步，经济越发达，矛盾越持久，战争对经济的要求就越高。有两个因素推动了这一进程。首先，这些社会往往使用有偿部队，要么是长期维持的部队，要么是每次战争爆发时雇用、战后再解散的部队。其次，随着技术的进步，武器装备更加昂贵。工业革命和大规模制造业的出现开始打断了这种趋势。相对于社会可支配的资源，很多武器装备的成本下降了，这就使得第一次世界大战和第二次世界大战时的庞大军队成为可能。但 1945 年以后，研发武器装备的成本又变得居高不下了。

同时，现代军队并不总是满足于从货架上购买物品。

他们坚持认为，采购的物品必须符合军事标准，这样做往往是必要的。不管情况是否如此，一个可防水、不导电、无反光的军用回形针，无疑要比用简易的民用设备生产的回形针费用高得多。这些物品占五角大楼采购预算的一半以上。上述所有事例和论述都说明了，为什么历来政府花在军队和战争上的费用，远比花在其他任何事情上的钱都要多。的确，对于大多数现代国家而言，只有在和平的时候，才会把更多的金钱用在福利事业上，而战争的时候，则把金钱用在军事上。

如果经济构成了战争不可或缺的基础，那么马克思和恩格斯关于一切战争“最终”都可以追溯到经济原因的论断，蕴含着多少真理性呢？很少有战争完全是由经济问题引起的。但同样真实的是，经济原因在许多（可能是其中的大多数）战争中发挥了作用。

相对于更先进的社会，部落社会是很贫穷的，但贫穷并不一定阻碍战争，往往相反。战争可能是为了经济目的而发动的，如获得水源、狩猎场、牧场、牲畜等，如果被考察的是定居社会而非游牧社会，还包括为了获得农田。有些（尽管不是所有）社会还用战争来增加人力资本，将妇女和儿童纳入它们自己的社会。尤其是妇女，不仅作为性伙伴和繁殖者，而且因为她们的劳动往往受到重视。事情在双向地起作用，如果一方为了获得经济资产和资源而发动战争，另一方为了保护他们已拥有的资产和资源也会这样做。

部落社会很贫穷，相对于高度发达的社会而言，它们很少提出诱人的经济目标。无论是中国人在长城以外还是罗马人在边境以北，寻求的都不是财富。在莱茵河以外——恺撒说，为了用罗马人的力量震慑德国人他曾多次越过这条河，① 除了一望无际的森林，这里什么都没有。北美的白人向西推进，寻找的是土地而非印第安人的劳动产品或他们积累的财富。反之则不然，部落社会总是羡慕其定居的邻居，因为他们的经济以农业为基础，产生了盈余的生活物资。这些邻居还有城镇，各种手工业和工业产品在这些地方制造和储存。

这种经济不平衡，可能导致这两种社会之间的战争。虽然部落社会很穷，但在军事上讲，它们又往往能和定居社会相抗衡。结果，征服罗马的是野蛮人而非相反，野蛮人征服了罗马。到了 1350 年前后，蒙古人才彻底停

① 据《高卢战记》记载，恺撒决定在莱茵河上造桥。他认为率军坐船过河既不够安全，也与自己和罗马人民的尊严不相称。最终，他率人克服种种困难，在湍急宽阔的河流上建起一座桥梁，成为威慑敌人的堡垒，同时也成就了罗马帝国的荣耀和伟大。——译者注

止了对欧洲的威胁，把俄罗斯人从金帐汗国[①]驱逐出去也用了很长一段时间。好战的部落往往从战争中获利，它们有时甚至没有实际参与战争。它们这样做是为了榨取“贡品”，这只是敲诈勒索的一种委婉说法而已。

定居社会（无论是农村还是城市）也在相互发动战争（不管是进攻性的还是防御性的），它们所寻求的最重要财富形式是土地，现在被用于农业和其他目的。土地既可以定居的方式直接开发，也可以通过被征服者的劳动间接开发。其次是诸如矿山、工业产品、黄金、白银和其他贵重商品等资源。再次是人力资本。这些社会的组织和治安比部落要健全很多，它们不仅可以奴役妇女和儿童，也可以奴役男人。如果没有从地中海各地掠夺的大批奴隶，罗马的崛起是不可想象的。从战争中获利的最后而且也是最重要的方式是征税。正如罗马政治家和演说家马库斯·图利乌斯·西塞罗（Marcus Tullius Cicero，公元前106—前43）所写的那样，征税是对战败者的永久罚款。

从西塞罗时代到20世纪中叶，这种情况几乎没有什

① 金帐汗国，一般称钦察汗国（Golden Horde，1219—1502），又称克普恰克汗国，是13世纪上半叶蒙古人建立的国家，大蒙古国的四大汗国之一。——译者注

么变化。罗马人掠夺了地中海的大部分地区，维京人掠夺了欧洲西北部，威尼斯人和十字军洗劫了君士坦丁堡，蒙古人征服了中国，莫卧儿人征服了印度，意大利各共和国为了贸易而相互争斗，西班牙人和葡萄牙人、英国人和荷兰人以及后来的英国人和法国人都是如此。1450—1914 年的欧洲殖民者冒险，在很大程度上是由经济因素驱动的。直到 1939—1941 年，自称“没有（资源）”的轴心国开始以牺牲邻国的利益来获得“生存空间”。对财富的追求往往是成功的，有时是惊人的成功。仅自 1450 年以来，先是葡萄牙，后是西班牙、荷兰共和国、英国、美国，都通过战争等方式富裕了起来，利润几乎都流向了上层阶级的成员。在这一点上，马克思和恩格斯是很正确的。

1946 年①《联合国宪章》禁止使用武力吞并领土，从而限制了各国以这些方法获取财富的能力，但这并不意味着经济目的对于战争不再重要。正如 1991 年海湾战争和 2003 年针对伊拉克的战役所表明的那样，继续发动某些战争至少部分是想要获利。如果能以自由贸易的名义这样做，就像在这些场合所做的那样，就更好了。经

① 此处时间有误。《联合国宪章》（*United Nations Charter*）于 1945 年 10 月 24 日正式生效。——译者注

济目的在国内战争中的作用同样巨大。安哥拉、车臣、东帝汶、库尔德斯坦、莫桑比克、尼日利亚和苏丹的战争是围绕石油而进行的，缅甸、塞拉利昂和扎伊尔的战争是围绕宝石和钻石而进行的，利比里亚、缅甸的战争是围绕木材而进行的，阿富汗、哥伦比亚和黎巴嫩的战争是围绕毒品而进行的（据说黎巴嫩真主党从毒品中获得的收入比伊朗当局暗中资助获得的收入还要多），扎伊尔战争则是围绕上述几种商品而进行的。更不用说许多军人从他们声称要“保护”的民众身上榨取的金钱了。虽然在这些战争中，经济动机并不是唯一的动机，但几乎没有一场国内战争不是（至少是部分）出于经济原因。

第二节　战争和经济发展

除希望以牺牲敌人为代价而获利外，战争还可以通过其他四种方式促进经济发展：一是通过推动技术进步；二是通过创造规模经济；三是通过鼓励新的和创造性的筹资方式；四是通过起到一种经济刺激的作用。这四种方法是相互联系的，在此将依次进行论述。

民用技术和军用技术以一些复杂的方式相互作用。首先，两者之间的界限往往是模糊的，甚至并不存在。用赫鲁晓夫的话说，一个士兵不扣裤子就不能打仗，因此扣子就是战略商品。衣服、许多甚至大多数器具、各种车辆、通信系统以及无数其他东西，也是如此。其次，部分地由于这个原因，任何一种军事技术都必然根植于周围社会的民用技术。很少有国家在没有充足民用基础设施的情况下，能够成功地开发和使用军事技术。在一个领域使用的制造方法往往也可以服务于另一个领域，就像 14 世纪的铸钟人开始生产大炮一样。

事情也可以反过来。在 18 世纪，为了挖空大炮炮筒而研发的孔径技术被用来制造第一台蒸汽机的汽缸，英国工程师约翰·威尔金森（John Wilkinson，1728—1808）既能制造大炮炮管也能制造蒸汽机气缸这两种不同的产品。同样的情况也适用于材料运用——如 19 世纪中叶首次工业化生产的钢铁，以及用于制造军舰等的技术。无论是钢铁材料，还是造船技术都很容易从民用转为军用。

战争史上不断有新的武器装备出现：弓、剑、矛、盾、装甲、弹射器、攻城器械……直到大炮、潜艇、飞机以及最新的无人机和机器人。如前所述，最初用于战争的武器和用于狩猎的武器是一样的，后来两者几乎完全分开了。随着制造工具和武器所使用材料的变化，下一个最重要的技术发展是使用风车和水车这样的非有机能源，但它们固定在特定的地理空间内，不能够在野外作战时使用。结果，在约两千年的时间里，风车和水车的军事技术运用效能落后于民用技术运用的效能。

1890 年前后，钟摆摆向了另一个方向。创新不再像以前那样在个别发明家手中偶尔产生。相反，创新变成了一个持续的、往往是组织良好的过程。由于受到政府投资的刺激，军事技术开始领先，其他领域则没有得到同样程度的投资。根植于民用科研的装置设备被军队接管，主要为军事用途而开发的装备不胜枚举，包括飞机、雷达、多种电子设备、计算机、直升机、弹道导弹、惯性制导系统和核武器等。近一个世纪以来，最新的技术进步（如喷气式发动机）在被引进民用市场好几年前就进入了军队，这已是很平常的事情了。

某些军事技术进步产生了所谓的“副产品”。“副产品”意指各种新装置和新技术，它们最初是为军方开发的，后来却使民间受益并拉动了民用技术的发展。但是，这还不是故事的结局。1980 年前后，微芯片的发明再次改变了军用技术和民用技术之间的关系，导致后者以多种方式超过了前者。事实上，军队即使是在第三世界国家作战，有时也会发现他们的非正规对手所使用的手机、手提电脑等设备比自己先进。

然而，技术只是问题的一个方面。军队总是会对支持部队的民用经济提出大量经济需求。这里，必须分开对待陆军和海军。在任何一个设定的社会中，就其雇用的人力而言，前者往往构成了最大的单一军事组织。陆军消耗使用的食物、衣服和各种装备比其他任何人都多。正如上面已经指出的那样，后者虽然在人力方面通常较少，但资本密集度要高得多。从古代的战舰到今天的航空母舰，海军使用的机器都是最大、最复杂的。

同样重要的是，与民用需求相比，军事需求往往更为集中。这些事实促使工业家们采用了规模经济的制造方法。正如1660年前后（当时，法国军队成了最早采用制服的军队之一）发生的那样，大规模生产减少了管理费用。大规模需求的另一个重要好处是，对可互换零件的发展提供了动力。最早的标准化努力之一，可以追溯到15世纪的军火库（威尼斯人在那里建造了战舰），这绝不是偶然的。这个领域的另一位先驱是轧棉机的发明者伊莱·惠特尼（Eli Whitney，1765—1825），他曾和美国政府签订过生产步枪的合同。

用亚当·斯密（Adam Smith，1723—1790）的话说，比国家富裕更重要的一件事情是防卫。准备战争（更遑论打仗了）往往需要巨额资金，这在和平时期也很难筹集。这种需要有时导致了全新的筹款机制，一个著名的案例是1694年英格兰银行的成立，该银行的最初目的是资助对法战争。在整个18世纪，银行在继续资助战争的同时也发挥了别的重要作用，如促进经济发展。英国成为世界上经济最发达的（它的这一经济地位保持了近两个世纪），部分原因正在于它的银行资助了战争。

最后，战争不仅可以刺激个别生产者，还可以刺激整个经济。英国经济学家约翰·梅纳德·凯恩斯（John Maynard Keynes）在其名著《就业、利息和货币通论》（*The General Theory of Employment, Interest and Money*, 1936）中，对这些事情进行了详细解释。在本质上，他解决经济衰退的办法很简单：花钱，花钱，再花钱，即使这样做会导致预算赤字。希特勒和美国总统富兰克林·德拉诺·罗斯福（不管他们是否熟悉他的理论）都启动了庞大的重整军备计划，大量花钱在这两个国家都奏效了，即就像变魔术一样结束了经济大萧条。

美国的情况尤为引人注目。整个20世纪30年代，这个国家都未能充分利用其生产设施并遭受了大规模失业。从1940年开始，重整军备给整个二战时期的美国带来了繁荣，使数百万人重新就业并提高了生活水平，也为随后的繁荣时期（可能是全部历史上最伟大的时期）奠定了基础。1967年6月战争之后，以色列也发生了类似事情。尽管规模要小得多，但由于国防开支增长了一倍，过去持续了18个月左右的经济萧条几乎一下子就结束了。

无论经济和战争之间的确切关系如何，前者对先进社会发动战争而起的关键作用是毫无疑问的。战争和备战也常常有助于社会克服其经济困难。这就带来了一个重要问题：是否有一个上限，一旦超过了它，财富不仅不会增强一个政体发动战争的能力，反而会开始削弱这种能力？从莱库古斯（Lycurgus）和柏拉图开始，古代、中世纪和现代的许多立法者、历史学家和哲学家都这样认为。在他们看来，贫穷社会的男人会向更富有的邻居开战，胜利后他们就变得富有了。过多的财富又使他们变得软弱，允许自己被女人统治，从而他们失去了战斗力。他们的邻居更加贫穷，但更有阳刚之气、更具侵略性，他们又反过来受到落后地区的攻击，最终在耻辱中倒下。这样周而复始，构成了历史。莱库古斯的解决办法是禁止斯巴达人使用金银，柏拉图则希望他想象的国家尽量避免贸易。

富裕社会还倾向于少生少育。相对于规模来说，富裕社会很少有适龄男子参军，其余的人也不擅长打仗。某些这种类型的社会试图通过区分思想家和战士来解决这个问题，结果据说是，由懦夫来做决策，同时由白痴来战斗。实际上，今天的“先进”社会更是如此，因为他们被禁止表达或体验战争的乐趣。另一些人则将希望放在了军事技术上，就像4世纪中叶的匿名著作《论军事》（*De rebus bellicis*）所做的那样。中国古代的官员，似乎也是以这样方式将他们的信仰放在了技术上，但都无济于事。在《论军事》写成后的一个世纪，野蛮人终结了罗马帝国。同样，中国古代王朝非但没有彻底打败边境地带的野蛮人，反而先后被他们征服了两次，而不止一次。

总之，迄今为止的论点是，缺乏坚实的经济基础，先进的社会不如简单的部落更能发动战争。在许多场合，统治者和政治家都采取了战争手段，以希望获得经济利益——这不罕见，而且取得了很大成功。在适当情况下，战争和备战可能有益于经济，战争通过推进技术发展、发展规模经济、改善筹资机制、刺激总体需求做到了这一点。然而，似乎也有某些限制。富裕社会往往不如贫穷社会好战。富人的财富甚至到了对他们毫无用处的地步。这一点以往如此，大概也会永远如此。

第三节　战争和经济衰退

如果战争可以使一个社会富裕的话，那么它也可能使那些发动战争的人贫穷和毁灭。首先，战争使投资从生产用途转向了非生产用途。剑没有被铸成犁，犁反倒被铸成了剑。许多男子（在现代，还有少数正在工作的妇女）不再成为社会生产的劳动力，而是加入了军队，并把时间花在了备战和打仗上。

其次，战争的经济需求如此巨大，以至于常常迫使某些当事人采取非正常的筹资方法来支持战争，其中就包括了自愿或被迫的贷款、征税、通胀等。所有这些方法在经济上并非都是有益的。贷款蚕食了当前的收入，而且并非总能得到偿还，从而令贷款者破产。这也是在其最大的债主西班牙腓力二世于 1557 年、1575 年和 1598 年暂停付款后，热那亚失去作为银行中心首要地位的原因。征税往往无异于财产没收，通胀会造成像任何破产一样的巨大破坏，有时还会使贸易和交换陷入停顿，给个人和整个国家造成巨大损失。

历史学家保罗·肯尼迪（Paul Kennedy，1945— ）在总结这些问题时，曾谈到过“帝国的过度扩张”。他以哈布斯堡帝国和大英帝国为主要例证指出，它们遭遇了厄运，是因为无法购买保护其远方财产所需要的庞大军事设施。这个名单很容易扩展到奥斯曼帝国、葡萄牙帝国、威尼斯帝国和荷兰帝国——更不用说罗马帝国和拜占庭帝国了。为什么要追溯到现在呢？因为苏联试图赶上经济更强大的美国，在国防上的投入比例要大得多。1980年前后，由苏联军工综合体所谓的“碎铁机”的带领下，苏联军队可能已经成为历史上最强大的军队。十年后，整个苏联经济大厦坍塌了，留下了一片废墟。包括肯尼迪在内的一些人认为，美国正朝着同样的方向发展。

的确，战争需求可能有助于创造标准化和规模经济，但这些需求是高度周期性的。通常和平恢复后不久，财政紧缩的时期就会到来。被卷入战争的公司，其生产经营很可能面临巨大困难，要在通过政府补贴维持其生存或被迫破产之间作出选择。无论如何，后果都是浪费和破坏。

战争通过灌输一种紧迫感并打开金钱的栓塞，往往导致技术创新，但新的东西并不总是有利于促进经济发展。一种新的刀剑或步枪，可能使发明者更有效地发动战争，但很少或根本没有促进社会经济福利所依赖的技术发展。这同样适用于其他许多（也许是大多数）军事技术创新。坦克是（或曾经是）有用的战斗机器，以至于从大约 1940 年到 1990 年，陆军实力最简单的指标就是一支军队拥有的坦克数量，坦克数量成了军力的象征。然而委婉地说，坦克的经济用途是有限的。

即使有附带的用途，战争的经济理由也往往令人生疑。如果第二次世界大战从未发生，计算机的发明会不会推迟很久呢？包括核能、互联网或者全球定位系统。开发新型客机最佳和最经济的方式，真的是先制造轰炸机，再将其改装为民用吗？聚焦民用技术，难道不比在军事上大把花钱更有利于经济吗？从 1945 年以来日本的发展情况来看，这当然是可以的。

其他问题还很多。军事技术研究往往推进神速，尤其是在战时。时间的压力很可能使那些责任人采取一种散弹式的工作方法，即“广撒网、多播种”。由于不知道哪个项目会开花结果，他们会同时进行许多项目。在第三帝国的 12 年间，就有研制出 1000 多种不同类型的试飞原型机，平均每四天半就有一架！另一个问题是希望在上一阶段完成前就开始下一阶段工作，从而加快发展进度。这两种方法都会大大增加成本。

最后，同样重要的是，战争会毁物杀人。土地被闲置，森林被砍伐，工厂被毁坏，房屋被摧毁，通信被破坏或者被忽略。许多参与者和旁观者死于饥饿、疾病和敌人的行动，另一些人则成为必须被帮扶的残疾人。战争可以把整个省份甚至国家变成人影罕见的沙漠。三十年战争（1618—1648）[①] 就使约三分之一的中欧人口死亡。第二次世界大战是有史以来规模最大、死亡人数最多的战争，造成了约2%的地球人口死亡。无数士兵和民众被烧死、炸死、压死、淹死、窒息、活埋，遭受的暴行、残缺的尸体、被毁的生命如此之巨大，真是罄竹难书。

通常，失败者比胜利者遭受的痛苦更大。然而，后者也未必逃脱惩罚。第二次世界大战使英国取得了胜利，但其经济却一落千丈。英国失去了曾经的世界上最大帝国的地位，并渐渐变回到1600年以前的样子，即一个远离欧洲海岸的小而拥挤的、中等重要的岛屿。最受影响

① 三十年战争（The Thirty Years' War，1618—1648），是由神圣罗马帝国的内战演变而成的一次大规模的欧洲国家混战，也是历史上第一次全欧洲大战。——译者注

的群体很可能是年轻、健壮的男人，他们是经济领域最需要的人口。敌人的行动和各种苦难也会杀害妇女、老人和儿童，但通常数量相对较少。正如三十年战争期间波美拉尼亚的命运和1950—1953年汉城（今首尔）的命运表明的那样，最大的受害者是那些目睹了最激烈战斗的地区，尤其是当这些地区多次从战争一方手中转入另一方手中之时。当外援无法抵达时更是如此，战争焦土政策会进一步加大损害。

有时，胜利者和失败者很难被区分开来。复苏可能较快，但有时也要更长时间才能完成。某些历史学家认为，无论是意大利南部还是耶路撒冷周围的乡村，都没有从第二次布匿战争（公元前218—前201）和犹太人大起义（67—73）的影响中完全恢复过来。1258年，蒙古指挥官孛儿只斤·旭烈兀（Hugalu）① 攻陷了巴格达，情况也是如此。21世纪初，最具破坏性的战争是那些困扰着许多“发展中国家”的国内战争。一旦爆发一场全面的核战争（下文会有更多论述），无论是胜利者还是失败者，很可能都不会留下什么人或任何经济。

① 原著此处人名拼写有误，应为孛儿只斤·旭烈兀（Hülegü Khan，1217—1265）。孛儿只斤·旭烈兀是成吉思汗之孙，伊利汗国的建立者，1258年率军攻陷巴格达。——译者注

第二章

战争的挑战

第一节　战争不是什么

关于战争，最重要的一点是，它不是一个欧几里得式的正方形或圆形。就像一切现象都有一段历史一样，战争经历了变化并将继续发展变化，很难（也许不可能）对其进行定义。由于时间、地点和社会的性质不同，战争一会儿呈现出一种形式，一会儿又呈现出另一种形式。

更糟糕的是，在过去几十年间，战争这个术语与许多与其相关的术语已经扩展到了各种意想不到的领域。我们已经习惯谈论外交战、经济战、政治战、宣传战、抗癌战、抗艾滋病战、抗贫困战、抗全球变暖战，仿佛字母表中有多少个字母就有多少种战争一样。有的还会加上代际战争和两性战争，更不用说“冷战”了，它在过去的时间里把世界分成了争吵的两半，有好几次似乎要把世界带向末日边缘。这同样适用于和战争相关的许多术语。意大利独裁者贝尼托·墨索里尼（Benito Mussolini，1883—1945）声称迷恋战争和与之相关的一切（事实上，他在第一次世界大战中确实在战壕中战斗过一段时间）。他和黑格尔一样把战争视为集体生活的最高表达，又和尼采一样把它视为个人生活的最高表达。

墨索里尼从未停止过劝告同胞参与战争，在战争中表现出色并在战场上奉他之命牺牲自己，正如官方口号所说的那样：相信、服从、战斗（*Credere*，*ubbidire*，*combattere*）。不幸的是，人们并没有遵从墨索里尼，这生动诠释了顶层政策和那些应冒生命之险执行它的底层官兵之间是如何存在着巨大鸿沟的。伊尔·杜斯（Il Duce）扩展了战争这个术语的意义，正如他声称的那样，“进行并打赢了”许多诸如“沼泽战”“粮食战”“儿童战”和“钢铁战”这样的“战役”。

甚至这种扩展也仅仅是一个开端。许多媒体几乎和墨索里尼一样迷恋战争和军事术语，因而在它们的作品中不断地加入这些术语，就像墨索里尼在演说时那样。我们有“战胜了”对手的足球队，有“征服了”山顶的登山者，有“出征的”考古学家，还有大量更多类似的例子。“战略”术语也被扩展了。这个术语可以追溯到希腊语，诸如军队（*stratos*）、将军（*strategos*）、将军的艺术（*strategia*）、谋略（*strategema*）和《战略论》（*Strategicon*），以及公元前6世纪描述这些术语的军事书籍。战略这个术语，在中世纪的西方从未被使用过，

1453年拜占庭帝国灭亡后它就几乎消失了。只是在18世纪的最后几年，战略又以一种略有不同的形式被重新引入。

正如若米尼、克劳塞维茨和其他人使用这个术语一样，“战略”指的是针对一个有反击意愿与反击能力，且有感知能力的对手进行重大军事行动的艺术，它既描述这种行为，又试图为这种行为制定规则。总的来说，直到1939年前后一直就是如此。不过，战略后来开始被用于非军事斗争领域，例如政治战略、经济战略、工业战略、商业战略和创新战略，等等。现在，战略这个术语常常被用来描述几乎任何一种计划——无论是达到某种国家目的，还是用于石油勘探，或是训练孩子如厕。

其中的某些活动，例如“信息战”“心理战”和“贸易战”，可能伴随着战争并为战略服务，目的是瓦解对手的士气或损害敌方经济。但是，由于它们在战略上并不涉及实际使用暴力，称它们为“战争”是误导的。例如，经济竞争可能是“割喉”式的，但“割喉”是一种比喻而非现实。失败者可能破产甚至挨饿，但除非使用暴力、竞争变成了犯罪（这一点稍后再谈）或战争，否则他们既不会被割喉，财产也不会被破坏，更不会受到攻击。相比之下，相互使用身体暴力（即众所周知的

“战斗”），才是战争的本质。正如克劳塞维茨所说（用他的最好比喻之一），战斗对于战争来说，就像现金支付对于商业一样。[①] 一切皆围绕战斗展开，都取决于其结果，一切也都从它而来。

其他活动不构成战争，因为它们不涉及一个活生生的、有思想的、能够反击的对手。这包括墨索里尼的“战役”，其目的是增加钢铁、儿童和粮食的生产，并使罗马附近的庞廷沼泽干涸。此外还包括抗癌战争、抗饥饿战争，以及许多类似的情况。

缺乏一个有感知能力的对手，并不一定意味着很容易达到个人的目的。事实上从频率看，入侵某个不太强大的邻国，可能比解决长期存在的经济、环境、健康和教育问题更容易。有时候，统治者发动战争是因为他们无法应对自己国家的问题，并希望转移人们对这一事实的注意力。一个突出的例证是 1914 年奥匈帝国的恐惧，除非弗兰茨·费迪南（Franz Ferdinand）大公遇刺事件能得到有力的军事回应，否则帝国就可能解体。缺乏一个有感知能力的对手意味着，除了自然灾害和各种事故，这种活动（无论是短期的还是长期的）是完全可控的，

① “Fighting is to war what cash payment is to commerce”, Clausewitz, *On War*, p. 148.

而这正是这些活动（包括极限登山这样的危险活动）并非战争的原因。

这并不是说战争是唯一涉及暴力、战略或两者结合的活动。某些游戏（尤其是橄榄球、美式足球及其相关运动）既是暴力的，又涉及战略。另一些游戏（如国际象棋、围棋以及许多现代的棋盘游戏和电脑游戏）不但涉及战略，而且专门模仿战争并尽可能地被设计为模仿它，这就解释了指挥官们何以经常用它们来模拟战争、计划战争和准备战争。在某些部落社会中，特定的游戏和战争如此相像，以至于人们怀疑游戏实际上不过是后者的一种仪式化了的形式。可以说，战争本身是所有游戏中最暴力、最伟大的游戏。

然而，战争和游戏在一个关键方面存在根本不同。克劳塞维茨认为，战争是（或者应该是）由政治支配的。事实上，战争是政治的一种形式，只不过不是用外交照会而是用手上的刀剑来进行的。战争目的是使对手屈服于我们的意志，无论是进攻还是防御，都完全是为了让对手听从我们的摆布，或部分是为了达成有利的协议。游戏则正好相反。在游戏当中，政治（即游戏规则制定的过程）对参与者来讲，是中立化、无争议的，或者至少暂时不偏不倚，或者至少被精心设置在游戏场合内。在竞技场，或比赛场，或演习场，或者在棋盘上，或地图上，或沙盘上，个别队员和团队是面对面的。一旦他们这样做了，游戏就开始了，他们就置身（或应该置身）于政治以外了。

诚然，某些战争游戏被明确地设计为兼顾政治因素和军事因素。在其他情况下，游戏可以被用来帮助政策实现目标。当德国陆军参谋长路德维希·冯·贝克（Ludwig von Beck，1935—1938年任职）将军想向希特勒表明发动战争无异于自杀时，他曾设计过一个模拟和邻国冲突的游戏。顺便说一句，希特勒斥之为“幼稚”。①希特勒解除了贝克的职务，继续向前推进战争，结果正如贝克预言的那样。在鼎盛时期，据说苏联人为了显示自身优越性，曾构建过一台能打败所有对手——除鲍比·费舍尔（Bobby Fisher）以外的“国际象棋机”。但这些游戏和无数其他类似游戏一样，既没有形成一种克劳塞维茨意义上的政策延续，目的也不是使任何人的意志屈从于其他人。

从规则的意义上讲，游戏也不同于战争。的确，正是规则把每一种游戏和其他游戏区分开来了。游戏规则

---

① Dismissed it as “childish”, R. Hofmann, *German Army War Games*, Carlisle Barracks (PA: Army War College, 1983), pp. 29-30.

的第一个功能，是定义什么算胜利、什么不算胜利，这就把游戏和政治与战争区分了开来。正如克劳塞维茨所说的那样，这是为什么在战争中结果永远不是最终的原因。规则的第二个功能，是限制玩家可以使用的工具和方法以及他们可能使用暴力手段的数量和种类。即使是在罕见的没有限制的场合（如著名的罗马角斗游戏和少数其他游戏），也必须以确保观众人身安全的方式来安排各种事宜。这样做意味着游戏（它不同于战争）只能在某些精心建造的场所或建筑中进行，其中的一些场所（尤其是那些举行战役审判的场所）可能被视为神圣的。正如中世纪各种锦标赛历史上的某些插曲以及足球和美式足球的历史证明的那样，在规则不充分或它们无法执行的地方，总是存在游戏升级，最后成为战争的风险。

在暴力方面，社会中存在帮派战争。在墨西哥等地，帮派可能有数百名成员，有时更多。它们有足够强大的组织要求并接受其成员的全部承诺，在领土、资源和女人这些事情上相互争斗。它们拥有各种武器装备，包括直升机、国产潜艇和装甲车。在手段和目标允许的情况下，帮派往往尽可能多地采取流血手段解决问题。它们也不愿意与政府派来对付它们的部队对抗。但这与战争有一个重要区别，即战争是特定社会（或社会的大多数组成部分）通过习俗、法律制度认可并参与的事情。如果战争以胜利告终，那么社会不仅会庆祝有关战役，而且往往会庆祝战争本身。相比之下，帮派战争则包含了社会所反对的一切，社会试图通过法律制度允许的一切方法压制帮派争斗。

最后，战争不是个人之间的较量。无论是合法的还是非法的、认真的还是草率的、暴力的还是平和的，个人之间的较量都被称为决斗。决斗有着悠久而有趣的历史，而且根据某些人的观点，有着光彩的或羞耻的历史。某些决斗高度规范，甚至很隆重，另一些决斗则不然。相对于斗士的数量，有些决斗可能像战争本身一样致命。有些决斗——最著名的就是大卫和歌利亚之间的决斗，则是在集合起来的军队面前进行的。但是，大卫和歌利亚的决斗以及任何其他决斗都不是战争。相反，正如最后一个例证表明的那样，在理论上无论如何，它们当中的某些决斗意在取代和结束战争。

和决斗不同的是，战争是一项集体事业。第一，它在这样一种意义上是集体性的：即对每个参与者造成的任何伤害，都被视为对他所属的整个群体的伤害。我为人人，人人为我。第二，它是集体性的，因为涉及许多人或多或少的协调努力。的确，指挥员和士兵们经常用战争来提升、标榜自我，但只有在他们滑稽行为与所属集体的目标不冲突时，才允许他们这样做。4 世纪的罗马执政官提图斯·曼利乌斯·托克图斯（Titus Manlius Torquatus）之所以出名，就是因为他自己的儿子违反命令向前冲锋而被处死的。① 第三，战争的目标是敌方集团或政体的所有成员。只要他们属于敌方，对手的确切身份就是次要的。

最后一个特征是，战争的残酷性和悲剧性。战争是人类唯一的这样一种活动，其中，素未谋面的男人（现在还有少数女人），可能出于他们既不理解也不关心的原因而相互残杀。简言之，决斗和本节列举的任何其他活动，无论它们在某些方面多么类似于战争，都不是真正的战争。这些活动所做的一切，不过是借用了战争的某些术语并加以引申而已。

第二节　顶层的战争

在考察了战争不是什么之后，我们现在再来谈谈战

① "The fourth-century BC..." Livy, *Roman History*, viii. 1.

争是什么。第一，在战争中，至少必须有一个进行反击的对手或敌人。彼此之间的互动性促使战略产生，这就是单一的致命一击不是战争的理由。第二，战争的主要手段是身体暴力。为了避免更多的暴力，这甚至适用于一方要求饶命、另一方同意饶命的时候。第三，战争不像游戏那样服从于规则。第四，战争是由或应该由政治支配的（这里的政治被理解为：权力和资源在社会内部被分配的那些非法程序；人们拒绝承认一个权威的、凌驾于其上的法官）。第五，战争的目的是使敌人屈服于我们的意志。第六，战争及其使用的暴力是合法的，或至少得到了发动战争的那个社会中相当一部分人的认可。最后，战争不是一项个人的事业，而是一项集体的事业。

战争的性质也衍生出一些挑战——任何人都可能面临的最大的、最可怕的挑战。某些挑战在等级制度的顶层（其中，军事因素和其他许多因素是互动的）感受最强烈，另一些挑战则主要集中在底层附近。在此，我们将尽可能地依次讨论。

第一个问题是重塑战争和政治之间的关系。实际上，这不是一个问题，而是三个问题。

首先，正如克劳塞维茨所说，政治应该控制战争。[①]政治的任务是尽可能做好战争准备、直接作战，并根据战争的胜负，要么获得最大利益，要么试图减轻失败的后果。然而，做到这一点是知易行难。战争的真正本质是由相互间的暴力伤害构成的，并因此走向升级。一方实施打击，另一方则予以更有力的回应（如果可能的话）；一方请求增援，另一方也同样做。恐惧、愤怒、仇恨、复仇等类似的情绪都会抬起它们丑陋的头颅，它们互相作用，形成一种爆炸性的混合物，控制这些情绪几乎不可能。尽管一开始可能还有不杀俘虏或不轰炸对方平民等约束，但很快就被抛弃了。

战争不断升级，最终可能达到政治远不能掌权甚至几乎消失的地步。战争、放任自由成了政治。最极端的例子是1941—1945年的苏德战争，当时双方实际上是在殊死相拼。它们都知道败者没有未来，因而不顾法律或约束，竭尽全力、用尽手段、倾其所有而战。在这种情况下，政治还能决定什么呢？克劳塞维茨称这种冲突为“绝对”战争。[②] 克劳塞维茨做梦也想不到，我们今天更愿意称之为“全面”战争。

---

① “As Clausewitz says...” Clausewitz, *On War*, pp. 87–88.

② “Absolute War: Clausewitz.” *On War*, p. 78.

其次，政治虽然应该指导战争，但不应要求后者做不恰当或不可能的事。这是因为，正如克劳塞维茨所说，战争有自己的“语法”。这种“语法”的规则是由人与装备的物理能力和极限以及关于战略的格言构成。一个无视战争“语法”的统治者，就像一个以整体和谐的名义让鼓和小号听上去像小提琴一样的指挥家。1941 年，希特勒对列宁格勒（被誉为“布尔什维克主义的摇篮”）如此着迷，以至于违反了战略的第一条规则，即集中力量。① 希特勒试图占领这座城市，却又同时向莫斯科和乌克兰进军，最终未能在三条战线上的任何一条达到目标。

一个面临选举的统治者，可能试图使其军事指挥官发动一场军队尚未准备好的进攻，或迫使他们在毫无价值的阵地上坚守下去。这就是在其他条件相同的情况下，“民主国家”的问题可能比对公众压力不太敏感的其他政权更为严重的原因。但这绝不仅限于“民主国家”。1870—1871 年普法战争期间，普鲁士首相奥托·冯·俾斯麦（Otto von Bismarck）和参谋长小赫尔穆特·冯·毛奇（Helmuth von Moltke），就曾在前者有权干涉军事行

① “The Cradle of Bolshevism.” Quoted in R.-D. Mueller and G. R. Ueberschaer, *Hitler's War in the East* (New York: Berghahn, 2002), p. 104.

动甚至获知军情的问题上多次发生冲突。最终，俾斯麦成功地（或多或少地）保持了权力。但俾斯麦的继任者西奥巴德·冯·贝特曼·霍尔维格（Theobald von Bethmann Hollweg）则不然，他被兴登堡（Hindenburg）及其副手埃里希·鲁登道夫（Erich Ludendorff）将军晾在了一边。

最后，政府和军事指挥之间的分界线应该在哪里？显然，让前者事无巨细地指挥后者的行动并无意义。一个步枪兵团，或一支潜艇舰队，或一个飞行中队应该如何行动，不是一个政治问题，而是一个军事问题。同样明显的是，军事指挥官可能要求或行使的独立性应有一些限制。众所周知的是，道格拉斯·麦克阿瑟（Douglas MacArthur）将军在朝鲜战争中不服从命令，为此付出了被“撤职”的代价。

让事情更复杂的是，这条分界线应该是灵活的。根据发动战争的社会的性质和正在发动战争的类型，政治一会儿向这边偏移，一会儿向那边偏移。一般来说，在我们进行的任何一场战争中，越是接近开始或结束战争，政治的影响就越大，纯军事考虑的作用就越小。第一个入侵外国的士兵和最后一个离开外国的士兵，都会造成巨大的政治影响。而那些在敌对相持阶段步其后尘的成千上万的士兵，政治影响（如果有的话）则要小得多。

解决这个问题，需要合适的制度安排以及适当的心态。直到1550年前后，通常的方法是，集统治者和总司令的两个职位于一人。甚至在后来，腓特烈大帝和拿破仑也是这样做的。后者有时数月不在巴黎，而是在数百英里外的敌方领土上征战。直到1939—1945年，希特勒的大部分时间也是在他的各个战地总部度过的。希特勒在那里接收战争局势报告，召开会议并向远至军团的各部队发出命令。克劳塞维茨本人（他称拿破仑为“战神”）无疑也赞成这种解决办法。但这并不是现代国家经常采用的办法。①

无论怎么做，那些处于顶层的人们都会发现，他们必须为战争中的问题做决定。战争比其他任何人类活动更能压垮高级官员和指挥官的神经。战争中的问题像冰雹一样不断砸向他们，有些大，有些小，大多是紧迫的，许多是意外的。所有问题都没有特定顺序，都需要作出往往关乎生死的决定。没有当过指挥官的人，很少能够想象进行那些决定民族和国家命运的重要战役究竟意味着什么。1916年，杰利科（Jellicoe）上将率领大舰队参

① “The God of War,” Clausewitz, *On War*, p. 583.

加日德兰海战[①]时怎么会想到，他能使大英帝国在一个下午就输掉这场战争呢？

要为战争中的各种问题做出决定，需要一个足够强大的阿特拉斯（Atlas）——即古希腊神话中的擎天巨神，把世界扛在他的肩上并展示出来。但是，阿特拉斯们甚至可能比兴登堡做得还要少。学习和经验尽管可以培养磨砺高级指挥官所需要的素质，但它们无法造就天生的军事能力。一个人要么生来就有德国军队在其鼎盛时期习惯所说的“责任感”，要么生来就没有；要么生来就有强大的神经，要么生来就没有。并不是每个人都能像拿破仑那样，有时竟然能在开战前睡着了。根据一个传说——也许是杜撰的，也许不是，兴登堡元帅不但在坦能堡战役的前后睡着了，而且在战役期间也睡着了。据说伯纳德·蒙哥马利（Bernard Montgomery）将军1942年在阿拉曼也有着类似的故事。[②]某些人甚至提出，过多的学术研究不仅不能帮助一个人获得必要素质，反而更难获取，有时甚至永远不可能了。

---

① 在日德兰海战中，时任英国大舰队司令杰利科企图歼灭德国公海舰队。但是，由于他指挥不当、行动不坚决，在一个下午的时间就导致英军损失3艘巡洋舰、3艘装甲巡洋舰、8艘驱逐舰，伤亡6800人。——译者注

② “A similar story...” D. Pietrusza, *The Rise of Hitler & FDR* (Washington D. C.: Rowman & Littlefield, 2016), p. 150.

一条巨大的鸿沟，把和平时期（这时官僚当道，禁止暴力）和战争时期（这时胜利成为唯一重要的事情）隔离开来了。这就是一个军官在和平时期的记录，并不总是提供他在战时表现的可靠指标的原因。每次战争爆发时，一些此前很少引人注目的军官，都会因军事天赋脱颖而出并得到提拔任用。他们掌握了主动，接替了下台的指挥官，往往把自己推向了前台。一个很好的例证就是西庇阿·阿非利加（Scipio Africanus，公元前236—前183），他在25岁时就获得了高级指挥权；另一个例证是拿破仑的将军即前面提到的马塞纳——一个淫夫和盗贼，他的真实才华也只是在战争爆发时才显现出来。

反之亦然。任何人最不需要的，就是像德国总参谋长小毛奇那样的人。作为一个敏感多疑的人，小毛奇一直怀疑自己和他的最高指挥官德皇威廉二世。1914年7月，小毛奇再次患胆病。第一次世界大战爆发后两个月，因无法胜任总参谋长一职，小毛奇不得不辞职。1940年4月，挪威参谋长克里斯蒂安·拉克（Kristian Laake）将军得知德国入侵他的国家后，就精神崩溃了。据报道（可能不实），1967年阿以战争中指挥以色列军队的伊扎克·拉宾将军和1973年担任国防部长的摩西·达扬（Moshe Dayan）将军（退役），也在战前或战争期间精神崩溃了。

许多这样的事件很难（也许不可能）预测和预防。相反，人们能做的一切就是尽可能精心地挑选未来的指挥官，接下来必须逐步提升他们的能力，观察他们的进步，考验他们并赋予其越来越大的责任。但人们一直在祈祷的“彼得原则”① ——据说，这个原则能导致许多指挥官比其实际能力更高一级，而事实上并不适用。

第二个问题是不确定性。不确定性是日常生活的重要组成部分，是一种人类从未摆脱（或不可能摆脱，或不应该摆脱）的状态，如果人不想被变成一台机器的话。正如在市民生活中一样，不确定性部分地来源于偶然性，即那些我们未知的和无法控制的因素的影响。但是，战争是由双方发动的、双方都不择手段地欺骗和迷惑对方这一事实，大大增强了不确定性的作用，更遑论那些常常使局中人分辨不清的混乱和压力了。战争中许多决定更多的是基于直觉而非知识，这是因为他们在做决定时大量信息不断涌入。一旦做出一个决定，事情就很难像预期的那样发展，这就需要做出更多的决定。然而，如果结果是确定的，那就不需要战争了。因此，战

① 彼得原则（Peter Principle）是管理心理学的一种心理学效应。指在一个等级制度中，每个人趋向于上升到他所不能胜任的地位。——译者注

争只是用来解决那些不确定性争端的一种方法而已，而且是一种暴力方法。

指挥官们用来应对不确定性的某些方法，将在第五章第三节“战争中的情报”中阐述。人们和军人对不确定性都感到不安，考虑到利害关系，这也不奇怪。他们尽其所能避免不确定性，却又尽可能让它来麻痹自己。但并非每个人都有这种感觉，有些人如果组织得当、训练有素且热情高涨，也会在不确定性中成长并乐此不疲。把不确定性作为锻炼主动性和随机应变能力的一个机会，能使指挥官表现得更好。有的人甚至通过切断通信来故意制造不确定性。巴顿将军在1943—1944年就使用过所谓的“石头汤法”,① 不打招呼，突然造访士兵，了解一线部队生活。“石头汤法”来源于这样的故事，一个流浪汉突然找到一户居民家里要求过夜，并告诉主人他能用石头做汤。他先烧开水，再放进一块石头，就开始做了。接着他说，如果加一些蔬菜和作料，味道会更好。

最后一个问题是阻力。和不确定性一样，阻力也是生活中的一个不可分割、不可消除的组成部分，在战争中的影响也是巨大的、不可估量的。庞大的军队、人们

① “Rock soup method”, G. S. Patton, *War as I Knew It* (New York: Fontana, 1979), p. 120.

在巨大压力下工作引起的人为失误以及不确定性本身，都是造成这一事实的原因。正如克劳塞维茨所说，发动战争就像试图在水中行走一样，① 每走一步都要比在陆地上付出更大努力和更多时间。

精心筹划、简化过程、灵活应变、减少冗余，可以使阻力变得最小。有的时候，指挥官们又必须竭尽全力使部队无视阻力，就像蒸汽压路机碾压途中的障碍物一样向前推进。在战斗中，没有什么时候比追击更重要了。历史上有许多事例表明，在决定性的时刻，指挥官们不能强迫筋疲力尽的士兵，这并不能取得理应属于他们的胜利。这样做会使部队疲惫不堪，在极端情况下可能会导致全军覆没。

第三节　底层的战争

处于顶层者和处于底层者之间的一个区别是，后者受政治、政策的影响要小得多。除了在某些非对称战争中（稍后再谈），政治对士兵的影响通常很小，往往几

① "Waging war is like trying to walk in water", Clausewitz, *On War*, p. 583.

乎没有影响。军队规模越大，组织越官僚化，越有可能出现这种情况。在许多现代国家，各级士兵都被禁止参政。有时候，宣讲这个主题可能损害他们的士气。被困在阿富汗的苏联士兵，对政治家保证他们是在履行“国际主义”义务时有什么反应呢？

承担责任是主观的，有的人比其他人感受更敏锐。但在其他条件相同的情况下，随着在军事等级制度中的地位下降，这个人的重要性也在下降。领导一个国家是一回事，领导一个班是另一回事。纪律是必要的，它最重要的一项任务是把责任从下属肩上卸下来，并把责任转到上司肩上。相比之下，所有人都能在战争过程中切实感受到不确定性和阻力的存在。

不过，部队指挥官的军衔越低，越能深刻体会到德国人所说的战争的心力交瘁（Strapazen）。① 影响就越大。这个术语的有用性在于英语中没有对应的术语。虽然这个术语在不同时间、不同军种中有所不同，但它融合了一种最强烈的体力消耗和难受不安的意义。除此之外，还有强烈的厌倦期。极度疲劳导致人分不清睡眠和失眠；饥饿、口渴、炎热、寒冷、雨水、紧张、危险、

① “*Strapazen* (physical effort) of war”, Clausewitz, *On War*, p. 115.

痛苦和恐怖，以及丧亲、失落和并不罕见的内疚。所有一切都集于一身，往往到了难以分辨的地步，且有一种互相强化的糟糕倾向。正如俗话所说的：祸不单行。

众所周知，1415 年在阿金库尔，英国长弓手打败了法国骑士。但又有多少人知道，双方士兵在 12 天内行军 200 英里后，带着饥饿、寒冷、潮湿和疲惫半死不活地到达了战场呢（而战场本身就是一片泥海）？再以 1941 年的德军为例，从布格河到莫斯科的 600 英里路程，大部分部队都是靠双脚走过来的。① 他们扛着沉重的背包，在炎热、尘土、河流、泥泞、霜冻和积雪中长途艰难跋涉。所有人在面对顽强敌人的同时经受了一番残酷的体力搏斗，难怪他们在快要看见克里姆林宫的时候都筋疲力尽了。在人类活动的其他领域，没有哪个领域像战争一样消耗体力和忍耐疲惫的程度如此之大。直到 19 世纪末，在战争中，死于疲惫的人比战死的人还要多。

根据历史时期和军队的规模（除其他因素外）不同，有的指挥官愿意同部队生活工作在一起，有的（无论是因为他们喜欢舒适，还是因为他们认为在后方更好

① 此处指莫斯科保卫战，是第二次世界大战苏德战争中 1941 年 9 月至 1942 年 1 月一系列战事的总称。其中，德军从跨过布格河到莫斯科郊外，因道路泥泞花费了 5 个月时间。——译者注

指挥作战）则宁愿待在后方。顶层军官和底层士兵之间存在的差异，从未像在第一次世界大战中那样明显。高级指挥官们被安置在距前线数英里远的舒适的乡村别墅里，有勤务兵照顾生活并吃着最好的食物。有些指挥官——像 1915—1918 年在法国指挥英国远征军的道格拉斯·海格（Douglas Haig）元帅，每天要换三次内衣。他们配有专门的司机汽车，甚至用骑马来锻炼身体。他们睡在柔软的床上，有时还让妻子或情妇来探望他们。相比之下，底层士兵（特别是前线部队）则可能烂在某个泥坑里，以至他们自己看起来和闻起来都像是行尸走肉。底层士兵偶尔才能得到给养，而且还是劣质食物。底层士兵往往背负着沉重背包，靠双脚参与大多数战斗行动，经常在夜间行军以躲避敌人侦察。

最后，毫无疑问，战争是流淌着鲜血、汗水和眼泪的地方。如何使部队不只是坚持应对几个小时，而是（如果有必要）连续应对几个星期、几个月和几年？如何使他们直接对准敌人的炮口冲锋（也许是反复冲锋），准备并愿意把自己炸得粉碎？如何使他们在惨叫声、地狱般的吵闹声（伏尔泰说，比地狱里一千个魔鬼的吵闹声还要大）和混乱中（更不用说火药、尿液、粪便和现代战场上特有的烧焦腐烂的肉体的颤动和恶臭味了），继续勇往直前？甚至在他们气喘吁吁、每分钟心跳 200 次甚至更多次还要前进、几乎不再知道自己在做什么的时候，或者在一个动作后肾上腺素水平迅速下降、累得几乎动不了的时候，或者在局势似乎毫无希望、看不到任何缓解的时候，或者在身边的战友被杀害的时候，防止他们在身体上和精神上崩溃呢？

解决这些问题和类似问题只有一个答案：训练。军事训练至关重要，而孙子和克劳塞维茨对此都没有任何重要论述，这很令人惊讶。训练和学习教育有重叠，但两者又不一样。训练在先，教育在后；训练更强调实践，教育强调的则是理论及其赖以建立的历史。前者发生在训练场、野外、车间（技术训练）以及（越来越多地）模拟器和虚拟现实中，后者（主要依靠口头和书面语言）则更多地在课堂、书房和图书馆中进行。

随着技术和其他方面的变化，训练必须跟上。军事教育（军事教育和指挥作战细节的联系较少）则不然，可能发展得更慢一些。训练需要班组、武器和装备，这些都很昂贵，由于这一原因（以及训练的成果比人员和装备更难展示），人们往往投入较少。相比之下，学习和教育则很便宜。有人论证说，最终结果是教育有时做得过头了。教育应该允许形成理论，理论应该（和实践一道）指导训练，这样就完美了。

训练应尽可能地紧贴战争，正如犹太历史学家弗拉维奥·约瑟夫斯（Flavius Josephus，37—100）[①] 评价罗马人时所说的那样："他们的演习是不流血的战争，他们的战争则是流血的演习。"[②] 训练必须使部队应对战场的恐怖，尤其是异常的残酷。把未经训练的部队投入战斗，几乎等同于谋杀他们。但是，训练还是有或应该有限度的，日本军人用中国俘虏和平民进行刺刀练习，就超出了这一限度。在亚里士多德看来，斯巴达人的训练课程更适合野兽而不是人。被砍下的头颅、被截断的四肢、被肢解和烧焦的身体、伤员拖着内脏前进的情景，是不能被模拟的（除非让医护人员在经过特殊麻醉的猪或模拟器上练习急救）。也许，这是幸运的。战争是如此恐怖残酷，很多受训者如果知道将来可能发生什么，就会尽快逃离。

训练的最好办法就是循序渐进，就像一个足球教练会让他的球队和强队较量之前要先和弱队较量一样。训练任何一个新兵的第一步，都必须包括纪律即学习如何

① 弗拉维奥·约瑟夫斯（Flavius Josephus，37—100），全名是提图斯·弗拉维奥·约瑟夫斯（Titus Flavius Josephus），公元 1 世纪犹太历史学家。——译者注

② Josephus Flavius, *The Jewish War*, Book 3, Chapter 5.

服从命令。第二步（往往与第一步同时进行）是身体训练。在持续进行一段时间后，身体训练可以大大增强体力和耐力。在一定程度上，训练还可以帮助受训者学会忍受不适和痛苦，受训者自己往往也会对它可能具有的效果感到惊讶。接下来，他们必须学习使用武器和其他装备。特别是在技术复杂的现代军队中，这可能是所有训练中最困难和最耗时的部分。一个不能掌握武器装备的士兵，无异于严重残疾。

个人训练之后是班组训练，即学习如何作为团队（几乎是一台机器）的一部分与他人合作。最后，在训练熟练之后，个人和班组都必须从单方面的练习进入双方的对抗练习，他们必须进行各种战争游戏和军事演习。这样做，他们会遇到那种试图阻碍、欺骗、打击他们并在每个转折点上击败他们的对手。遇到反抗时，他们将学习如何对付对手、智胜对手和征服对手。

在这一点上，指挥官必须在平时的军事演习中人为设置各种障碍和意外情况，并使部队感受到它们的存在。他们可以神出鬼没般地突然使一支补给纵队无法到达或使通信中断，可以从一个意外方向引入一个新的敌人或在演习中改变任务。目的是制造各种新的和意外的情况，迫使受训者发挥主动性并独立行动。在现有技术手段允许的情况下，应尽可能仔细和完整地记录每次演习，并对演习中的优点和不足提出评判——即通常所说的总结“经验教训”。

只要按部就班地做好这一切，结果就是熟练。然而，熟练并不是一切。一个训练有素的班组应该发展同志情谊——不应混同于友谊，后者更个人化。受训者还必须获得自信心、自豪感、凝聚力和相互信任。为了不在他们的同志们眼中丢脸，受训者会冒着生命危险相互支持，避免让对方失望。要做到这一切，训练必须是艰苦的，有时会达到筋疲力尽的地步。有危险并非不合理，正如柏拉图所写的那样，毫无危险的训练会变成一种幼稚的游戏。[1] 最后，缺乏战争实践将导致体能和技能的退化，必须反复实践并定期检验训练的熟练程度。

即便如此，战斗的压力如此之大，以至于只有简单的事情才能奏效。为了应对压力，某些种类的训练必须达到这种程度，即部队几乎像自动机器一样行动，不必花费时间进行思考。他们必须克服任何形式的禁忌，他们必须准备毫不犹豫或毫无内疚地杀人，以便能在必要时随时杀人。训练可能（有时也会）利用了（这并不罕

---

① “Will turn into a childish game”, Plato, *Laws* 796 and 830c-831a.

见）某些人在杀戮时体验到的乐趣——“杀戮的快感”，正如有人所说的那样。但是，为了避免创造危害社会和自己的怪物，必须注意不要把部队训练成滥杀无辜的杀人机器。

在战争这个领域，第二次世界大战尤其是希特勒及其追随者实施的大屠杀，发出了一个可怕的警告。奥斯威辛集中营的指挥官鲁道夫·胡斯（Rudolf Hoess），在回忆录中写到了他和党卫军接受的铁腕训练。[①] 这种训练是如此有效，以至他们愿意为了任何目的（或完全没有任何目的）对任何人做任何事情，有些人还很愿意这样做。如果胜利所要付出的代价太巨大（譬如死亡惨重）的话，那么也许我们应该祈祷上帝准予我们失败以显示他的仁慈。

① “Iron-fisted training”, R. Hoess, *The Commandant* (New York: Duckworth, 2012), locs. 266-271.

第四章

建设军队

第一节 组织

除训练以外，导致在战争中获得胜利的最重要因素也许是组织。组织就是把一群人变成一部有效的机器，就是由若干个体组成并能采取协调行动迈向一个共同的目标。组织还建立了人们必须遵循的程序，从而有望最大限度地减少那些既非来自环境也非来自敌人，而是来自部队内部的不确定性和阻力。拿破仑写道，马木留克骑兵训练有素，以至于每个人都能对付几个法国士兵。但是，法军的一个班却能打败十倍于它的马木留克部队。1799 年 4 月的金字塔战役①就真的发生了这样的事情。②

军队组织不是也不可能是统一的。根据各国的地理及其不同的政策、经济、敌人、战争目的等因素，各国军队必须采取不同的组织形式。军队从事的敌对行动的种类（如常规战争、反叛行动等）也很重要。据此军队将发展不同的军种、兵种、编队、指挥系统，等等。有

---

① 此处时间有误，金字塔战役（The Battle of Munt Tabor）发生时间应为 1798 年 7 月。——译者注

② "Each Mamluk could take on three French soldiers", Quoted in B. Colson (ed.), *Napoleon on the Art of War* (London: Oxford University Press, 2015), p. 81.

些军队尽其努力和社会的其他部分保持分离，另一些军队则成为社会的一部分，以至于和社会组织几无区别。

最早的“军队”，只是由一个部落的所有成年男子组成的帮派，几乎不存在具有明确分工的正式组织。更复杂的社会，则采用了更复杂的方法。根据时间和地点的不同，有些男人是本地出生的公民，有些则是外来户。许多军队是由那些对他们的领主履行封建义务的家臣组成的，就像在中世纪那样。另一些军队则雇用了雇佣兵，并在战争结束后遣散。有些军队是由短期义务兵加上预备役人员组成的，另一些军队（包括21世纪初的大多数现代军队）则是由长期的职业志愿者组成的。

这些军队组织类型中的每一种类型都有其拥趸，他们拥护自己的招募方法，同时排斥所有其他方法。事实上，招募方法和军事表现之间的联系一直很脆弱。更复杂的是，用不同方法招募来的人常常在同一支军队中并肩服役，现在偶尔仍然如此。一般来说，兵源和招募方法越单一越好。

对任何一个军事组织提出的第一个要求，是在其内部适当地分配权力和责任。必须有一个人发号施令，其他的人在处理与其指挥官的关系时，知道其地位即服从。一个坏将军比两个好将军更好。更糟糕的情况也许是，一支军队在一场胜战后，要继续留用它无法摆脱的一批据说优秀的将军。法国人在1919—1940年战争中和以色列人在1967—1973年战争中，就发生了这样的情况。在这两次战争中，在先前的战争中表现出色的将军们，在后来战争爆发时却没有表现出应有的水准和能力。

其次，必须在集中与分散、精干与臃肿、刻板与灵活之间，找到一种很好的平衡。过于集中的军队会扼杀主动性、贻误战机，还可能无法快速应对紧急情况，过于分散的军队则可能根本无法发挥作用。一支过于精干的军队可能不足以承受冲击，一支过于臃肿的部队可能使用起来很麻烦。刻板不能阻碍创新，灵活不应导致零散。更复杂的是，应该因时而异、因敌而异地混合采用这些手段。

在其他条件相同的情况下，一支军队越庞大、越先进，就可能越难以指挥。解决的答案是要有一个“参谋部”。① 传统上，指挥官用他们的亲属和秘书来实现这一目的。第一批“首席参谋”，是在18世纪60年代由腓特烈大帝和法国陆军元帅维克多·弗朗索瓦·德·布罗伊（Victor Francois de Broglie，1718—1804）等指挥官创建

① “The Rise of the Staff in the Western Way of War.” Military History Online. com, at http://en. citizendium. org/wiki/Napoleonic_ military_ staff.

的。直到后来，参谋部的成员才接受正规教育并变得专业化了。最初，从事参谋的人数很少。到了第二次世界大战时，美军一个师的参谋仅有约 170 名官兵。2010 年，参谋人数规模翻了 3 倍且还止不住，许多现代军队因其重负而哀叹。这里的一个重要原因在于，专家们在现代技术的帮助下喜欢越过指挥官互相交流，从而破坏了统一指挥的原则。可见，参谋的人数越多，越容易彼此妨碍。

军队倾向于成为庞大的组织——往往是越大越好。摩西在把以色列人从埃及带到迦南地时发现，指挥控制的跨度可能变得太大，以至任何单个的人都无法胜任。试验表明，即使是一个好的指挥官最多也只能管理 7 个单位，但战斗的压力将使这个数字下降到 3 个或 4 个，其他人必须全力以赴。

一个明显的解决方法是在总司令和大部队之间插入中间层级。但不幸的是，等级制度又会产生自身问题。组织结构越精致，在传递信息时（无论是上传还是下达）就越困难、越耗时、越不确定。等级制度还使得顶层人士更难接触和理解处于底层的人员。

为了应对这个问题，任何规模的军队指挥官最好都应该建立一个“定向望远镜”。这实际上是一种渠道和机制（人力的、技术的或两者兼而有之），能够使指挥官打通部队各个层级，并聚焦在那些他们最感兴趣的时间和地点上所发生的事情。但是，“定向望远镜”不应被运用于事后的质疑和背后的诽谤，更不能扰乱那些大多数信息必须流动的正常指挥渠道。如果这种机制被滥用了，就会弊大于利。

最简单的军队，是由那些携带同样的武器装备（它们或者是棍棒，或者是标枪，或者是弓箭，或者是任何其他东西）的战士组成的。这些军队小而单一，相对容易集结、部署和指挥。随着人数增加和技术发展，专业化问题凸显出来。这就产生了这样一个问题，即每一种部队应该有多少人、如何进行组织，以便使它们单独或协同发挥出最大作用。从历史上看，大多数军队的各个兵种都有独立的部队（如轻骑兵和重骑兵、剑士、长矛兵、弓手等），专家（包括他们的指挥官）则往往来自不同的民族和国家。

这种专家分离规则的少数例外之一，是罗马军团。每个军团约6000人，由重步兵、轻步兵、骑兵和配备了攻城车（投石车）的炮兵组成。军团也有固定的总部，这些事实很好地解释了军队组织的非凡效力。然而，直到18世纪中叶，一名杰出的指挥官M. 德·萨克斯（M.

De Saxe，1696—1750）元帅还在抱怨说，他的同代人不愿意效仿罗马军团。[1] 到了 1790 年前后，联合兵种（师和军）才开始成为常规军团。

从那时起，部队规模越大，就越有可能由许多不同兵种联合组成，以及有各种专家负责协调其他军种。同时，从第二次世界大战开始，有一种将联合兵种下放到旅级甚至营级的趋势。这也是各类参谋和司令部激增的原因之一。

一直困扰军队的一个重要问题是，哪些任务可以交给士官和士兵本人，哪些任务可以安全地由他人来完成（一般来说，这样做的成本要低得多）。部落突击队有时由那些充当搬运工的妇女相伴随。后来的军队有营地随从，他们是由奴隶、妇女，往往还有儿童组成的，负责提供觅食、供应、烹饪、洗衣、缝纫、医疗和性等各种服务，有时随从人数超过军人的数量。随从往往被置于某种半军事化的纪律之下，而且总是会妨碍所随从军队的行动。

1830 年以后，铁路的出现逐渐使大多数随从留在了家里，他们的服务被军队接管并由军人执行。结果在每

---

① "Complained that his contemporaries", M. De Saxe, *Reveries on the Art of War* (Mineola, NY: Dover, 2007), pp. 36-38.

支军队中，以牺牲用于战斗的“牙齿”——参谋部门为代价，提供物资支持的“尾巴”——后勤部门不断急剧增多。前者从1860年占部队的90%，下降到了一个世纪后的25%左右。从1990年前后开始，事情转向了另一个方向，许多过去由军队内部提供的服务被私有化了。日益增长的复杂性表明，后勤部门尾大不掉的趋势几乎没有受到多大影响。

总之，尽管没有也不可能有一种适合所有情况的单一组织模式，但我们可以把现今作战力量分为两种基本类型，其间还有许多中级类型。一个极端是最“先进的”国家的正规军，它们有总司令、参谋、不同的阵型、巨大“尾巴”的后勤部门、制服，与普通民众的世界截然不同，等等。另一个极端是非正规军，往往被称为游击队或恐怖分子。在某些方面，他们类似于古代的部落人，很少或根本没有上述那些东西。两者的共同点是，一种日益增长的寻求私人承包商为其提供服务甚至为他们而战的倾向。回顾历史，大约从1500—1945年，一般都是前一个极端的军队占上风。将来是否还会继续如此，仍有待观察。

第二节　领导

如果组织代表了军事机器的躯体，那么领导就赋予它生命的灵魂。没有领导，任何组织（无论在其他方面多么优秀）都将完全无用。如果有什么区别的话，那就是它在战时比在平时更是如此。从顶层看，战争允许某些人送另一些人去死——事实上是要求他们这样做的；从底层看，被派去送死的人都必须服从。这就是军队领导的独特之处。没有任何其他人类活动涉及这类事情。

领导是一个具有民主属性的术语。尽管领导在英语中的首次使用记录只能追溯到 1821 年，但这并不意味着它在本质上是有时间限制的。自古以来，领导一直在运用四种工具：劝诫、榜样、奖励和纪律（包括惩罚）进行教育管理。每一位指挥官都必须在这四者之间找到正确的方法，以此来发展形成他自己的风格。在这样做的时候，领导必须不仅考虑到环境，还要考虑到每名下属和每个单位的不同性质，以便最大限度地发挥出它们的作用。这有一点像弹风琴，只不过是它的按钮、键盘、踏板都是由人组成的。

在这四者当中，劝诫是如此简单，以至于不言自明。只要有修辞和文学技巧的支持，劝诫就会非常有效，至少是在一段时间内。否则，各个时代的指挥官们就不会不厌其烦地对部队官兵进行长篇大论，或稍后发布当天的命令。修昔底德和李维（Livy）的著作，如果没有他们声称记录下来的那些演讲会是什么呢？没有这样的言辞技巧，那就像喊倒一口井一样——既无用又愚蠢。

榜样也很容易解释。公元前329年，马其顿军队从印度经由格德罗西亚沙漠回巴比伦时，几乎全部渴死。但当这支军队的指挥官亚历山大大帝得到一杯水的时候，他没有喝反倒将水洒在了地上，全体官兵为之振奋，最终走出了困境。这个故事（以及许多和它类似的其他故事）本身就很说明问题。亚历山大还经常身先士卒、亲自作战。有一次，他率领部队登上了一个敌堡的城墙，结果陷入了严重困境，不得不被救出。“狮心王”理查德也是这样做的。从古希腊到封建的日本，许多其他指挥官也是如此。在西方，最后一位战死的君主，是1632年死于卢森会战中的瑞典国王古斯塔夫斯·阿道弗斯。①

---

① 古斯塔夫斯·阿道弗斯（Gustavus Adolphus，1594—1632），瑞典国王。1632年11月16日，古斯塔夫斯在卢森会战中不幸从马上摔下被杀死，是欧洲最后一位战死在疆场的国王。——译者注

后来，军队的规模和复杂性不断增加，这使指挥官以身作则变得更加困难。艾森豪威尔在回忆录中说，部队喜欢他去视察，官兵们把这种视察视为任何危险都在千里之外的一个体现。时至今日，军官特别是下级军官阵亡的相对数量，仍然是一支军队战斗力强弱的重要标志，那些从不上战场因而也不会死亡的军官，不可能成为榜样。

第三个要素是奖励。正如据说是拿破仑所说的那样，功勋绶带具有激励人的特殊功能。拿破仑所用的奖励形式是多样的，从赞许地拧一下士兵的耳朵，到让部队兴奋不已的奖状、勋章、晋升或奖金。柏拉图在《共和国》中就提出，首先是给那些在战争中表现突出的人以“爱和被爱”的权利，① 此外还有集体奖励，包括锦旗、军旗、绶带，等等。所有这些，至少从罗马时代开始就已经广为人知了。这一切都是为了增强凝聚力和自豪感，并且往往取得了很大成功。

各种奖励只有在公正分配时才能起作用。人的行为越是英勇，责任越是重大，就越应该得到更大奖励。否则，奖励就可能引起嫉妒和怨恨，对官兵反倒弊大于利。

---

① “Love and be loved”, Plato, *Republic*, 460B.

应尽可能避免官僚主义，给予奖励要怀有感恩和慷慨的精神。最后，奖励的及时性十分重要。奖励若不及时，就会失去价值。

第四个要素是纪律。拿破仑称纪律为士兵之先于英勇的第一品质。① 军事纪律比民事纪律更严，它不仅适用于个人，还适用于大大小小的所有单位。这是因为，让单位为个人的过失负责（只要不过分），乃是一种创造凝聚力的好方式。下面这个故事（或真或假）说明了纪律能做什么。有一次，腓特烈大帝在观察大型演习时问随从：演习中什么东西最奇妙？他们回答说是各种动作的精确性。腓特烈大帝说，错，最奇妙的是这样一个事实，即你们和我能在成千上万全副武装的人（他们中的许多人违背自己意志在服役）中间，十分安全地站在这儿。

纪律分为两种：正式的和非正式的。前者见之于正规部队，后者则见之于非正规部队——这并不一定表明纪律的力量较小。在此，我们将讨论前者，把后者留给那些讨论这些部队及其所发动战争的章节。正式的纪律

① 拿破仑的原话是“军队需要那些精神坚定并且服从是军人首要品质的人”。参见拿破仑·波拿巴著，布鲁若·科尔森编《拿破仑论战争》，载曾珠、郭琳、樊静薇等译，上海社会科学出版社，2016，第131页。——译者注

是以（而且只能是以）成文的军法为基础的。如果像往常那样，士兵们自己不识字，那么指挥官就必须向他们做出解释。和民法不同，军法不仅适用于一个国家的主权领土之内，而且适用于军队所在的任何地方。它的目的是，在平时和战时支配部队的行为，以确保它们服从指挥和命令。和整个社会的法律相比，军法倾向于对那些服从它的人施加更多的义务，同时赋予他们更少的权利。军队纪律还可能涉及一些民法通常不会涉及的细节，如衣着、举止等。

这个框架得以确立和理解后，部队必须学会服从那些领导它的人。榜样往往是即刻树立的，奖励可能很快就分配了，而纪律则需要一些时间来灌输——也许比教授各种军事技能更需要时间。这不仅是为了提高效率，而且是为了灌输服从的习惯，这种操练在几千年前就发明了。中国、古代中东、希腊和罗马的军队都认识到纪律的重要性，并注重让部队践行和服从纪律。

中世纪的军队似乎忽视了操练，操练是毫无意义的事情。1550 年前后，步兵越来越多地使用长矛和火枪，促使操练再次兴起。操练既服务于惩罚目的，又服务于战术目的。操练的作用不断增长，在 18 世纪达到了顶峰。一个那个时代的人曾写道，“当一个 200 人或 250 人组成的营队在广阔的战线上前进时，会给人留下很好的印象……士兵们穿着优雅的长筒靴和紧身的马裤，就像织布机上的经线一样来回穿梭，阳光从锃亮的火枪和发白的皮带上反射回来，令人眼花缭乱。几分钟内，移动的城墙就来到了你面前”。①

虽然军队操练不再和战场相关，但它仍具有重要意义。操练教会部队一遍遍地执行同样的任务，直到他们迅速地——几乎是自动而精确地落实到最小的细节。操练项目的性质是次要的，操练本身甚至可能完全没用。但是，既然目的是让部队不假思索地服从命令，徒劳的操练（只要不过分）也有莫大好处。操练能把部队聚合起来，并使官兵感觉到强大甚至可能是一种享受。就像1914年前的一首德国小调唱的那样：②

> 盛夏，男人们正在操练。
> 轻风吹来了汗水和皮革的味道。
> 我和他人一样喜欢新鲜的空气，

---

① “A battalion of 200 ...” G. H. von Berenhorst, *Betrachtungen ueber die Kriegskunst*, Leipzig, Fleischer, 1797, vol. 2, pp. 424–425.

② “On a hot summer day ...” *Wenn die Soldaten ...* H. Dollinger, ed., (Munich: Brueckmann, 1974), p. 61. The translation is mine. 原著中，作者把德文翻译成了英文。——译者注

但这种味道更好。
多么快乐，
仿佛看见军队的灵魂在运动。
对此，
一般民众不可能感同身受。

通过这些方法和其他方法培育的最好纪律，是那些既不需强迫也感受不到的纪律——也就是自律。它除了是最有效的纪律，还只需要更少的资源就能实现。操练的目的是和领导等其他因素相结合，努力创建莎士比亚《亨利五世》（*Henry V*）中塑造的“兄弟连”和此后受到高度赞誉的纳尔逊（Nelson）勋爵。在现实中，正如纳尔逊的舰队所表明的那样，战争可能更倾向于吸引暴徒、冒险家和肾上腺素瘾君子。如果只是因为这个原因，那真的很难把纪律和惩罚或威胁惩罚完全区分开来。

军事惩罚的历史一定和战争本身的历史一样悠久。在孙子时代的中国，擅自撤退的指挥官会立即被斩首，抛弃指挥官的士兵也是如此。罗马人实行的是抽签制。当一支部队因懦弱或犯罪而受到谴责时，他们就会抽签，每十个人中有一个被选中，而后被战友打死。其他部队的人则会逮住这支部队的人，向他们倾倒残羹剩饭，鞭打他们，折磨他们，处决他们，往往以各种可怕的方式施加惩罚。现在的军队虽然大多数不会如此惩戒官兵，但军事惩罚仍保持了严酷于民的古老倾向。

和奖励一样，惩罚应该是公正和及时的，及时惩处能防微杜渐。看管罪犯，强化纪律，是军事法庭和纠察的任务。为了应对战争的巨大压力，法庭和纠察往往被赋予远大于他们所能行使的权力，这就是在紧急情况下，统治者有时会把军法强加于臣民或公民的原因。军事法庭所采用的程序还倾向于更强调速度而非个人权利，这些程序更为简单、简化，在某种程度上相当粗暴。

虽然劝诫、榜样、奖励、纪律和惩罚，对管理军队来说至关重要，但是它们都可能被做过头。过多的劝诫可能适得其反。一个指挥官如果太想为士兵树立榜样，最终可能会被嘲笑和鄙视，他胜任工作的能力也会受损。过多的奖励会导致贬值，据说美军在越南就发生过这样的事情。纪律都很好，但有一种危险，即会扼杀主动性，并在需要的时候阻碍那些服从它的人迅速、果断、独立地行动。用德国俚语说，行尸走肉般地服从并非一无是处，却声名狼藉。

惩罚使用不当也会适得其反。严厉的惩罚可能使受害者及其战友扔掉武器、破罐破摔。部队有可能起兵哗变，转而杀害指挥官，这有时甚至发生在纪律严明的罗马军团。一个指挥官必须知道何时该实施惩罚，何时该视而不见。在一个故事中，腓特烈大帝看到一个逃兵，问他为什么要逃跑。那人回答说，他害怕即将到来的战斗。国王说，“来吧，来吧，让我们今天再打一仗；如果被打败了，我们明天一起逃”，随后把这个逃兵又送回部队。①

在战争中，没有什么比保密更重要了。领导则是这个规则的一个例外——要想领导有效，就必须在阳光下运作。指挥官必须是演员，正如巴顿将军曾对下属所说的那样，指挥官总是在阅兵。无论压力多大，他都必须始终保持适当的仪容和着装，以激发部队的信心。指挥官既不能被忽悠，或抱怨，或犹豫，也不能把个人私事置于军队事务之前。指挥官必须关心他的部队，但又不能到了不能发挥作用的地步，否则，官兵们就会感到他软弱并鄙视欺负他。

最后，一个适时的话语或手势可能收到奇效。亚历山大大帝的事例先前已经提到，另一个事例是关于普鲁士参谋长老赫尔穆特·冯·毛奇（Helmuth von Moltke, Sr.）。1866 年，在柯尼格莱茨战役的艰难时刻以及他的

① Th. Campbell (ed.), *Frederick the Great, His Court and Times* (London: Colburn, 1848), vol., p. 138. 原著此处 vol. 缺第几卷的序号。——译者注

国家命运岌岌可危之时，老毛奇却能举重若轻地从别人送来的烟盒中挑选出一支最好的雪茄。他故意这样做，无形中使包括国王和俾斯麦在内的旁观者们确信，国家命运不像他们想象的那么糟，而且一切都会好起来。战争局势越是严峻，这种作秀就越重要——只要它不是（或不被认为是）纯粹的作秀。

第三节　战斗力

上述因素中的某些比其他因素更重要。从历史上看，一支军队的组成，不论它是由当地人还是外来人、非正规军还是雇佣军、义务兵预备役还是职业人员组成的，似乎对军事效能都没有多大影响。马基雅维利曾赞扬公民战士（服役的公民）这一群体，但他家乡的那些佛罗伦萨人在接受考验时却拒绝去战斗。瑞士雇佣兵具有令人敬畏的名声，1550—1780 年的西班牙、瑞典和普鲁士军队同样也从欧洲各国招募了雇佣军。法国和西班牙的外籍军团、英国的廓尔喀团和日益增多的美军，也是由外国人组成的。

相比之下，组织、训练和领导是绝对必要的。一支具有这些因素的军队，应该发展出克劳塞维茨所说的“尚武美德”和今天人们众所周知的战斗力。战斗力把男人和男孩区别开来了。和最初的热情不同，战斗力是一种严酷的、稳定的、富有担当的、几乎没有恐惧或幻想的东西。合身的制服、锃亮的武器、整齐的敬礼、各种仪式和阅兵，简言之，那些广为人知的体现战争文化的大量物品和活动，使部队和单位代表的一切都人格化了。尽管它们也可能为观察者提供某些关于士气的线索，但用平时的印象来预测战时表现是很难的，往往也是不可能的。正如墨索里尼（他总是试图通过观察士兵的眼睛来判定部队的士气）所发现的那样，这些印象很可能是误导的。

战斗使英雄变成懦夫，让懦夫变成英雄。战斗往往不仅让局外人吃惊，也让参与者吃惊。和自己面对面，他们既可能找回了自我，也可能迷失了自我。最可能创造稳定可靠的战斗力的是经验，尤其是共同患难、共克时艰的经验——还有什么比战斗更难的呢？即便如此，军队就像足球队一样也有运气不好的时候，这时指挥员和部队就会感到压力巨大。一切似乎都会出错，表现远远低于合理预期，特别是在长期的战役或战争中，这种情况肯定会出现。

激烈战斗和休息不足，还会使许多人表现出程度不同的心理压力征兆。一些表面上健康的士兵会变得冷漠、不再关心生死，另一些人则会在噩梦中尖叫，蜷缩成胎儿的姿势，不受控制地颤抖、失明、四肢失能、尿床或变得无能，仿佛看到和听到了死去战友的鬼魂。受战斗影响心理的人数可能超过伤员的人数。一支军队的领导力和凝聚力越低，问题就越严重。从长远看，没有哪支部队能抵御战争中的劳累。亚历山大的士兵们用了十年时间从马其顿打到印度的北部，但士兵们最后还是拒绝了亚历山大要他们继续作战的劝告，并要求亚历山大把他们带回家。

不过，只要不超越这些极限，一支组织良好、训练有素、领导有方、凝聚力强的军队（尤其是当它得到一个懂得珍惜它的社会大力支持时），可能会表现出远超平时的耐力，创造出英雄主义的奇迹。遥远的距离似乎变短了，平常认为不可能完成的任务超额完成了。据说 1806 年，一位普鲁士王子在得知法国人在迅速向柏林挺进时惊呼："但他们不能飞啊，是吗？"①

1967 年的阿以战争提供了另一个极好的例证。埃及

---

① "*Pourtant, ils ne peuvent pas voler*", Quoted in J. B. Vachée, *Napoléonen Campagne* (Paris: Legaran, 1900), p. 195.

的贾迈勒·阿卜杜勒·纳赛尔（Gamal Abdel Nasser）把他的部队集中在以色列边境，并关闭了提兰海峡。在接下来的三个星期里，以色列的指挥官和部队（大部分是预备役军人）都处于紧张状态。数千人齐声高呼，要纳赛尔不要动，等着他们来抓他。有些吼声无疑是精心安排用来帮助掩盖和克服士兵们的恐惧的，同时也给敌人和以色列自己的人民留下了深刻印象，但是，战争信号一旦发出就清楚地表明，这种信号是建立在坚定的决心和意志之上的。以色列人暴风骤雨般地前进，仿佛末日来临一样去战斗。许多人（他们看到阿拉伯人在街上跳舞并高喊“犹太人去死吧”）确切地感到，除非他们获胜，否则他们和所珍视的一切就没有了明天。这就是中国古人所说的“天助我也”的原因。因为他们不断地超越目的，始终保持这种势头，直到最后胜利。

这里还需要提醒的是，准备打仗才可能不必真打，为此需要一个目标和一个决定。然而，备战肯定在这个方向上产生了强大的压力。在1967年战争前夕，以色列的将军们渴望打破纳赛尔的侵略行动所造成的僵局，以至于副总参谋长埃泽尔·魏茨曼（Ezer Weizmann）冲进总理列维·埃什科尔（Levi Eshkol）的房间，撕下他的肩章，扔在桌上并喊道：每推迟一天开战都会导致更多伤亡！甚至有一些极端情况，这种军队对己方和敌方同样危险。

不过，在战争中，驯服高贵的骏马往往比鞭笞倔强的公牛更好。用莎士比亚的《亨利五世》① 中的话来说：

在太平的年头，做一个大丈夫，首先就得讲斯文、讲谦逊；

可是一旦咱们的耳边响起了战号的召唤，咱们效法的是饥虎怒豹；

叫血脉偾张，叫血气直冲，把善良的本性变成一片杀气腾腾；

叫两眼圆睁——那眼珠，从眼窝里突出来，就像是碉堡眼里的铜炮口；

叫双眉紧皱，笼罩住两眼，就像是险峻的悬岩俯视着汹涌的大海冲击那侵蚀了的山脚。

咬紧牙关，张大你的鼻孔，屏住气息，把根根神经像弓弦般拉到顶点！

冲呀，冲呀！

① "In peace there's nothing so becomes a man..." *Henry V*, Ⅲ. 1. 中文译文为朱生豪翻译的《亨利五世》，"第三幕第一场法国·哈弗娄城前"，参见 http://book.sbkk8.com/shashibiya/hengliwushi/215340.html。——译者注

第五章

战争的行为

第一节 科技与战争

我再重申一下，孙子和克劳塞维茨对科技与战争之间的关系都不太感兴趣。但自相矛盾的是，他们没有在科技上进行拓展思考（科技永远在变化，而且它的未来几乎无法预测），这恰恰可能是他们著作像他们本人一样经受住了时间考验的一个主要原因。

根据一种定义，人是创造科技的动物。也许，从未有过一场没有武器装备的战争，无论它多么原始。相反，即使是最原始的武器装备也和最现代、最先进的武器装备一样，它们在塑造战争中扮演了同样角色、发挥了同样作用。剑在塑造罗马军团作战方式中所起的作用，并不亚于突击步枪在支配当今步兵作战方式方面所起的作用。所以，理论家们忽视了这个问题是一个严重缺陷。要想真的欣赏一个管弦乐队正在演奏的音乐，就必须对所使用的乐器有很好了解，知道它们能做什么，不能做什么，以及它们是如何与所有其他乐器相配合的。这个道理同样适用于战争，需要深入了解手中的武器。

1936年，著名的德国法则①将战争定义为“一种建立在科学基础上的自由创造活动”。② 让战争成为一种自由创造活动的是这样一个事实，即发动战争的是人。人们享有很大的自由，按照他们认为合适的方式来决策和行动。物质的东西——换言之技术，则与之不同。尽管某些现代武器系统（特别是那些用于空战的系统）可以在无须人工干预的情况下进行某些决定，但这些决定必须是预先编程的。在战争中，人们完全可以“自由”发挥创造力，表现出卓越的军事才能。

如果说战争是建立在科学基础之上的，那主要是从战争借以被发动和进行的物质基础这个意义来说的。一支弓箭有这样那样的射程和穿透力；一架战斗轰炸机可以把成吨的军械送到足够远的距离；一座桥梁可以承载多大重量。时间、距离、所需物资的数量，等等，都可以而且必须用数学方法来计算。谁算得好往往谁就赢了。

工具和机器不像它们的发明者和操作者那么灵活多用。没有哪一种技术能像人那样，在许多不同环境中做

---

① 德国法则（The famous German Regulations of 1936），是指1936年德国《作战指挥》（*Truppenfuehrung*）教范。1936年德国法则代表德国军事思想的精华。——译者注

② “A free creative activity”, Heeresdienstvorschrift 300, *Truppenfuehrung* (Berlin: Mittler, 1936), p. 1, The translation is mine. 原著中，作者把德文翻译成了英文。——译者注

许多不同的事情，更不用说从一种活动和环境中切换到另一种活动和环境中了。在 1940 年查理·卓别林的电影《大独裁者》（*The Great Dictator*）中，墨索里尼叫嚣着想要的飞行潜艇至今也没有制造出来。为了弥补这样或那样的缺陷，人们不能只拥有一种工具或机器，必须有针对各种目的、环境和对手的多种不同的工具或机器。人们追求的不是技术本身，而是合用的技术。但这种要求也不是没有问题，因为技术越是多样化，使用方式就越复杂化。

与人类不同，武器装备没有动力、感情、目标、道德、士气，无须领导、榜样、奖励、纪律，惩罚它们更是愚蠢。只要它们在有序工作，就会运行下去。它们不会拒绝命令，不会忘记所学，不会犯错误。武器装备的注意力从不动摇，而且不会产生疲倦。

最重要的是，武器装备能比人更好地执行许多功能，否则绝不会被开发出来。武器装备有更强的力量（包括进攻和防守）、更快的速度、更广的范围、更高的精度和其他许多功能。简言之，武器装备起到了力量倍增器的作用。它们带来的优势，在那些人没有合适装备就无法生活（更不用说战斗了）的环境（水上、水下、空中和太空）中尤其重要。没有技术，所有战争环境中最新的环境——网络空间，甚至不可能存在。

然而，硬件本身是没有生命的物体。缺乏训练有素的操作人员，武器装备就无法工作并发挥最大潜能。在较低层次上，硬件指的是每种武器或武器系统；在较高层次上，它是用训练的方式将各种武器装备整合和协调起来以创造最佳效果。理论和组织也必须是适合的。那种已被开发出来但又没有注意以上因素的技术，无论多么高明都是毫无价值的。1870—1871 年，法国人对他们新研制的机枪高度保密，以至于部队从未学会如何使用它。有时，技术可能适得其反，因为它需要更多力量来支持和保护它，而非聚焦其有价值的性能。

在所有层面上适当地掌握技术，配以适当的理论框架和组织框架并加以利用，技术将大大提高拥有者的能力，这种情况有时被称为技术优势。至少，以更好的武器、运输、通信和信息收集设备为形式的技术优势，应能使所有者比他们的对手抵达的距离更远、打击更猛、自卫更好、操作更快。技术的某些形式，甚至能使那些拥有它的人在空中或太空这样的环境中进行操作，从而使对手根本无法反击。

此外，可能有助于胜利的另一种技术优势（它是在敌对行动爆发时被适当部署的），是制造技术上的意外。

1973 年 10 月的阿以战争①就是一个很好的例子。在越过苏伊士运河时，埃及人用大量反坦克导弹来阻止以色列人的反击。在这一过程中，他们击毁了以色列的一个装甲旅。这一意外，是情报失误还是由于未能传递和运用相关信息并不重要。九年后在黎巴嫩，以色列人在对付其对手时扭转了局面，他们使用新的空中预警和控制系统，以一架战机的代价击落了约一百架叙利亚战机。②

无论规模大小，技术优势（无论大小）在短期战争中是最有用的。根据定义，当一场战争成为持久战时，这种优势（即使存在）并不能带来速战速决。这种失败最可能的原因是，技术被以错误的方式、用在错误的环境、针对错误的目的和敌人，正如坦克、大炮和战斗轰炸机等重型的和不太精准的武器，被用来对付那些没有准确目标的恐怖分子或游击队时那样。上面提到的以色列在黎巴嫩的战役（它在取得初步成功后又拖了至少 18 年），正是这一问题的极好例证。

战争时间越长，那些发现自己处于劣势的人就越可能学习和适应，直到他们不再处于劣势。通常，最简单

① 1973 年阿以战争，即第四次中东战争，发生在 1973 年 10 月 6 日至 10 月 26 日。——译者注

② 指黎巴嫩战争，又称第五次中东战争，发生在 1982 年 6 月 6 日至 9 月 29 日。——译者注

的应对方法就是制定战术对策。1973 年，以色列人在反坦克导弹的打击下初战失利后，用几天时间就想出使其恢复进攻的新方法。另一种应对方法是获得类似的武器，可能包括一些缴获的武器。公元前 218 年，汉尼拔（Hannibal）在特雷比亚击败罗马人后所做的第一件事，就是让他的部队使用缴获来的罗马人武器，因为它们比他自己的武器更好。

当两个大致相等的对手进行军事技术竞争时，结果几乎肯定是一种摇摆效应。双方互相观望和模仿，一会儿这一方领先，一会儿另一方领先。各种武器和装甲、攻城器械和防御工事的发展，提供了很好的案例。第一次世界大战期间，法国人、英国人和德国人平均每年生产一种新一代战斗机，但都没有获得决定性的技术优势。结果便是，质量变得不那么重要，数量却变得更重要了，最终冲突结果是由数量消耗决定的。

现在，这种摇摆效应已经活跃了几千年。通过施加各种财政限制并设置各种政治障碍，和平可能使技术发展减缓。通过制造一种紧迫感并打开金钱的栓塞，战争可能使技术发展加速。加速变革的时期有时被称为“军事变革”。但是，追求优势并非没有问题。第一，聚焦未来可能导致忽视当前，反之亦然；当迅速变化之际，新武器到达战场时可能已经过时了。第二，变革会造成混乱，并使之难以保持战备状态。第三，许多武器都有一种比上一代武器性能更高、成本更昂贵的倾向，结果就带来了削减数量的压力。数量越少，每个武器项目的开发成本就越高，从而形成了一种恶性循环。

随着这一历史进程的展开，武器研制的成本变得如此昂贵、数量变得如此稀少，导致人们越来越负担不起，不能装备先进武器。这样的情况频繁出现。为此，人们认识到，现有武器只要还能发挥作用就一直使用下去。巨型的希腊式战舰、中世纪晚期的铠甲骑士（据说他们重得要用吊车才能上马）、20 世纪的战列舰（它们无奈地暴露在潜艇和空军面前），都提供了很好的案例。实际上，被设计为主宰海洋的最后才命名的一些战舰，大部分时间是在港口度过的，它们必须在那里斥巨资加以维护。在 20 世纪 90 年代，大多数轰炸机走的都是战列舰的老路。航空母舰这个有史以来块头最大、最为昂贵的战斗机器，可能代表另一个例证。这些武器和类似的武器长期放在军火库中，往往不是进步而是保守的标志，有时是衰败的标志。

21 世纪初，许多新技术刚刚开始投入使用，其中最著名的就是机器人。这并不一定是因为机器人是最重要的，或者它很快会在战场上取代人类。相反，机器人引发的是一种与弗兰肯斯坦式的怪物（据说这些怪物有一天可能会接管和控制我们）相关的希望和恐惧。其他的怪物，还有反弹道导弹、非致命武器、激光武器、隐形武器、太空武器和网络武器（又称恶意软件），再加上一些把一切连接在一起并变得更加精密和复杂的传感器、数据链和计算机。

一些新技术是由战场上的部队操作的，另一些则是由那些处于千里之外、远离任何危险、使人搞不清是战士还是屠夫的人控制的。武器（无论大小，无论是在陆地、海上，还是在空中、太空）正在执行各种越来越多的任务，从监视和侦察到守卫各种院落，从排除路边炸弹到“消灭”或“干掉”恐怖分子。武器已经促成了军队组织、训练、理论和作战行动中的许多变革，而且无疑将会带来更多的变革。

这些技术和当前正在开发的其他技术，将引发战争艺术的新开端吗？现在这么说还为时过早。但也有先例，比如 1900 年前后，无线电、铁丝网、机枪、无后坐力火炮、汽车、拖拉机，内燃机驱动的坦克、无畏舰、潜艇、鱼雷，以及以齐柏林飞艇和轻于空气的飞行器为代表的空中力量的迅速崛起。这些武器装备显示，面对一项重大创新，军方（而且不只是军方）的第一典型反应是把它视为玩具并加以拒绝。那些有问题的指挥官们往往会不厌其烦地解释，为什么新的技术没什么不同之处。

接下来，这些指挥官们会对新的武器装备产生兴趣，并试图配备到现有的部队中，比如在每个军或部队中配几辆坦克或侦察机。新技术已证明了自己，它的先驱者们忘乎所以了。他们高呼："武器将主宰世界!""一切都彻底改变了！所有先前的历史都变得无关紧要了!"然而，有一点渐渐变得清晰了：即没有什么灵丹妙药。新技术的潜力要被充分认识到，就必须经受广泛的测试、训练并和其他一切技术相整合，以使其优势最大化，劣势最小化。即便如此，也总有办法解决问题。最后，当双方都获得和使用新技术时，他们会意识到，许多技术都或多或少地保持了原样，而且其基本原理仍然适用。

第二节　参谋工作与后勤

把一支军队划分为军种、兵种、编队、单元等是一回事，使其发挥作用是另一回事。领导和纪律是军队的灵魂，参谋工作（军事行政管理）负责制定翔实工作方案并将它们转化为行动。任何规模的军队如果参谋工作出错的话，就会变成一团乱麻甚至无法存在。关于这一点，《孙子兵法》的第一篇讲的就是“计”，克劳塞维茨甚至没有谈到这个问题，其他大多数作者也论述不够充分。当书架上摆放着上千本讨论情报、战略、作战之类的书籍时，旁边却只有一本关于参谋工作的论著，相形见绌，少得可怜。由此看来，参谋文书这个领域似乎不太受人欢迎。

即使是简单部落里的最小一支部队的指挥官，心里也知道参谋工作是必需的。《伊利亚特》没有提到军队中的参谋工作，仅此一点就足以证明阿凯亚人不可能有25万（或根据另一种解释是5万）军队，像书中一个地方暗示的那样。规模更庞大、更复杂、更综合的军队把文件刻在泥板、木头、石块、铜板和草纸、牛皮纸、信纸以及其他材料上。战争的规则、军械和条款必须制定出来，组织结构、权力和责任领域、程序等也是如此。服役人员必须接受检查、登记、分类、入伍和报酬，他们调动、分配、授勋、晋升和退役的记录必须被保存，这同样适用于那些被逮捕、受审、受伤、生病的人员和囚犯。武器、装备和各种供给必须进行采购、储存、登记和发放，相关的执行计划和命令被记录下来、分发下去并得到确认收悉，同时提交各种报告、进行各种联络，保存各种日志。

许多文件必须被缩写、列表、编目并制定索引，这就产生了更多的参谋工作。为了节省时间和防止误解，各种缩写被经常使用。更多材料必须尽可能地标准化，印刷的发明使这项任务变得更容易了。军事档案的价值历来为人们所公认，它们在驻军时是保密的，在营地里被集中存放在离指挥官帐篷很近的地方，行军中运载军事档案的马车被置于队伍中间并有重兵把守，在战斗时它们又被留在了后方。一些军队（尤其是罗马和普鲁士军队）以其军中文书工作而闻名，在柏林仅负责失踪国防军士兵的机构里，就存有约 4 亿份各类文件。随着计算机的使用，人们可以想象现代的同类文件有多少。

作为任何军事行动的组成部分，关注细节（在许多情况下，它是参谋工作的别名）都是绝对必要的。这工作可以被简化为两类：第一，它必须找出有哪些问题；第二，它必须找到解决这些问题的办法。显然，无法胜任处理这两件事的参谋，是不会有任何价值的。这也不意味着参谋工作在行动一开始的时候就应结束。首先，任何规模的军事行动很少像时钟一样进行，甚至在某日和某时之后问题也肯定还会出现；其次，一旦行动结束，就必须以批判的眼光来反思它：哪些是对的？哪些是错的？为什么如此？它给我们留下了什么经验教训？下一步应该怎么办？

关于后勤，孙子论及不多，仅有一般性的论述。克劳塞维茨关于这一问题尽管有一些精辟的洞见，却聚焦在拿破仑时代，而且内容过于陈旧而毫无用处。这两位作者都大错特错了。正如人们所说的那样（尽管不合语法，却很准确）：“后勤是不可或缺的重要业务，缺少它，战争就不能尽快取胜。”无论是在高层还是底层都是如此，克劳塞维茨服役的普鲁士军队就阐明了这个真理。普鲁士军队一开始就是大国中后勤规模最小、实力最弱的军队。这导致的结果是，忽视后勤的思想倾向贯穿于整个德军中，这很不利于军队作战。在两次世界大战中，忽视后勤是导致军队战败的一个主要原因。

后勤是可能性的艺术。正是后勤最终决定了一支军队的能量大小，包括军队的最大规模、能否作战、能在什么季节作战、能在哪里作战、能离开其基地多远多久、能移动的速度，等等。正如一位军官所说的那样，“这是后勤”，而非魔术或一厢情愿的妄想。然而，对后勤功能的估计也不能太过分。归根结底，后勤应该是军队作战的配角而不是主角。譬如，一支等待最后一颗纽扣被缝在最后一个士兵衬衫上的军队，永远不会出发。也有这样一些情况，抓住机会并敢于冒风险的指挥官们，会无视军需官们的劝阻，依然勇往直前奔赴战场。

后勤从一开始就伴随着战争。最早的“军队”，可能是只有几十名战士的突袭队。除水以外，他们的主要生存需求是每人每天约三磅的食物，这个数字一直没有很大变化。战士们住在所路过的乡下，同时使用能得到的任何战利品。有时，整个部落也这样做，例如在中世纪早期的大迁徙中，或 1644 年满洲部落征服中原的时候。军队越庞大，作战行动就越密集，作战人员就越难养活。这种情况很容易在一个地区或省份无法提供足够补给时出现，从而迫使军队移防或挨饿。

靠山吃山、靠水吃水（尤其是长期如此）也会造成其他困难，因为用于提供粮食和其他供给的劳务支出费用很昂贵。然而，如果不予补偿，有关人员就会隐瞒一切并尽可能地拒绝给军队提供给养。[①] 这种政策可能会适得其反，迫使民众投入敌人的怀抱。掠夺是任何后勤行动所能采取的最耗时、最低效的形式，因为许多（也

---

① J. Clement, *The Lieutenant Don't Know* (Philadelphia, PA: Casemate, 2014), p. 249.

许是大多数）的供给都将被摧毁或浪费。1941—1943年，德国在东面战场的管理是如此低效，以至于同所占领的大面积俄国土地相比，其所攻占的弹丸之地丹麦，都能为德意志帝国提供更多的粮食。

即使这样也只是开始。一个允许其部队为所欲为的指挥官，很可能失去对下属官兵的控制，结果将是纪律涣散、土崩瓦解。拿破仑的大军依靠征用并没有恶化到那种程度，却以抢劫犯数量众多而臭名昭著。他们虽然离开了自己的部队，却总是跟在军队后面，不仅在战斗中败坏秩序，而且恶化了部队和当地居民的关系。如果这不可避免的话，最好的方法是由严密指挥下的专门队伍来收集生活物资。在某些不能付款的情况下，可以开具证明承诺日后再付。

解决这些困难的专门办法是依靠仓库或基地。甚至突袭作战队有时也会使用它们，在打算行进的路线上预置各种物资。18 世纪的军队就建立了名为“春天的一个惊喜”的仓库。正如俗话说的那样，没有哪个敌人比它们更早地在这个季节开始作战。在其他条件相同时，军队越庞大，就越依赖仓库，不过，仓库也有其问题，某些物品会随着时间推移而损坏变质。这就需要运输系统把仓库和战场上的部队联系起来，从而限制了部队的行动自由。运输费用也很贵，正如孙子所说，“带甲十万，千里馈粮……日费千金”。①

最简单的运输系统依靠的是男人（有时是女人）的肩挑背扛，现在某些地段运输中仍然需要人力承担。还有就是依靠动物，它们的用途不是自身托运货物，就是套车拉货。但动物吃的比人多得多，在基地给它们喂食通常不可能（即使可能，也只是在较短的距离和时间内）；饲料必须从乡下收集，这又限制了军队的规模以及可以作战的时间和地点。直到18世纪中叶，人们还认为一支军队的最佳规模是4万—5万人。②

除面包以外，一支军队还需要多种装备。某些装备可以从周边地区收集，然而，国家越不发达，装备越专业，就越不容易找到。不同的地形如山地、苔原、森林和沼泽等，本身也有区别，它们往往人口稀少。今天，和1798年拿破仑军队从埃及穿越西奈半岛，再到巴勒斯坦艰难行军一样，沙漠代表了所有地形中最艰难的地形。沙漠里一无所有，也不存在水源。在美国进行的阿富汗战争中，水资源占据了后勤仓库的很多空间，水的补给

① “The greater the distance, the greater the cost”, Sun Tzu, *The Art of War*, p. 72.

② “As late as the mid-eighteenth century...” B. Davies, *Empire and Military Revolution in Eastern Europe* (London: Continuum, 2011), p. 69.

量比任何其他补给量都大。

第一次世界大战之前，食物和饲料占据了军事供给的大部分，数量上远远超过其他物品。现代技术改变了这种状况，大大增加了维持现代战场上众多机器运转所必需的弹药、燃料、油料和备件。据计算，每天维持一名士兵在战场上所需物资的重量增加了 30 倍。某些装备（如武器和工具）可以使用很长时间，只有在对敌行动或各种事故中丢失了的时候才需要更换；另一些装备则被消耗或损耗了，而且需要不断补充。这一切所带来的问题，只有精心的计划和严格的交通纪律才能解决。在 1990—1991 年的海湾战争中，为美军左翼进攻部队运送物资的高速公路如此繁忙，以至于只有直升机才能快速通过。

供给品种的增加超过了供给数量的增长，从食物到弹药，从燃料到各种通信设备、备件、医疗用品等。在 1991 年的海湾地区，仅美军就动用了 500 万不同种类物品的库存，用于保障军队作战和执行任务。许多物品有不同的使用寿命期限，必须在不同条件下储存，以不同的方式保管，并通过不同的运输方式分配给不同的单位（其中有些单位在快速移动）。随着战争进行，许多部队分散在战区各处。这种多样性，又导致了一些可怕的、只有最先进的计算机和数据链才能够处理的复杂问题。

上述情况可能会使读者认为，战时的军事行政、后勤与平时的大体相同。在许多技术问题上，这种观点是正确的。因为在网络战兴起之前，干扰对方的行政系统几乎是不可能的。但在后勤方面，情况实际上是不同的。除天气和自然灾害等不可预见的事件外，平时的后勤系统不必担心被敌人中断。但军事系统则必须时刻考虑到敌人，这就导致了其重点从效率、利润到防御、生存能力的转变。这些问题对军事后勤的影响是巨大的。收购粮食的人员、仓库、通信线路和车队必须仔细地安置、分散、隐蔽并防止攻击。后勤系统必须足够灵活，能在部队从一个任务和目标突然转向下一个任务和目标时，及时衔接并满足新的要求。灵活性又要求很大程度上的零散性。在战争背景下，商人所推崇的“刚好准时”运行模式可能是无用的，甚至是危险的。因为，在战场上追求“刚好准时”会导致军事行动过于复杂烦琐，遭受更多外部制约，也会付出更多的额外成本。

此外，军队的后勤需求总会给敌人提供袭击机会。收购粮食必然导致军队行动分散，这样会使负责征粮的分队（有时是整个部队）被敌人打得措手不及，就像

1689—1697 年的巴列丁奈①、1704 年的巴伐利亚、1707 年、1812 年和 1941—1942 年的俄国那样。处在敌军面前的地区可能被洗劫一空，离前线太近的基地可能被占领或摧毁，这包括火车也是如此。在美国内战中，作战部队都以在对方后方战场发动纵深突袭、拦截车队、切断铁路线而出名。1914 年以后，空袭取代了这种纵深突袭方式。有时空袭会对后勤造成毁灭性影响，就像在 1944 年的诺曼底和同年的突出部战役②中那样。

在其他条件相同的情况下，后勤系统的“尾巴”越庞大，它就越发脆弱。现代军队的后勤需求如此巨大，以至于导致了新的脆弱性产生，甚至会刺激新型部队发动新形式的“非对称”战争。关于非对称战争的样式，下面章节会有论述。

第三节　战争中的情报

战争中的一切都是模糊的。这种模糊是由于，双方

① 此处巴列丁奈（Palatinate），在德语表述上为普法尔茨（Pfalz）。——译者注

② 突出部战役，又称阿登战役。该战役发生于 1944 年 12 月 16 日至 1945 年 1 月 25 日。——译者注

在误导和欺骗敌人的同时掩盖自己行动，竭力使之变得更加模糊不清。只有三件事能够（哪怕只是一点点）穿透并驱散克劳塞维茨所称的“不确定性”，那就是情报、情报、情报！据说，各种形式的间谍活动是第二古老的职业。没有情报，军队就将成为聋人和盲人。这就解释了为什么美国在 2014 年，仅在搜集外国情报上就花费了约 530 亿美元。① 这一数字超过了地球上 194 个国家所有国防开支费用总和的 95%。

情报的目的是双重的。我们既需要情报来准备行动计划，如选择目标、按优先性排列这些目标并决定如何实现它们，还需要情报来判断和预防敌人的行动。无论以哪种方式，情报都是不可替代的。正如孙子指出的：“先知者，不可取于鬼神，不可象于事，不可验于度，必取于人，知敌之情者也。”② 最重要的是，我们无法预知未来，无法知晓敌人的意图是什么，他下一步要做什么，以及会在何时何地如何打击我们。收集这类信息的一个方法，是观察对手并参加其军事会议。然而在现实中往往很难做到。

---

① “ $ 53 billion on foreign intelligence alone”, *CIA Handbook*, Washington D. C. , 2014, p. 249.

② “Neither divine omens, nor crystal balls...” Sun Tzu, *The Art of War*, p. 145.

认为获取关于敌人未来计划的信息是绝对必要的，并不意味着它是我们需要的唯一一种信息，而其他信息都无价值。计划（包括敌人的计划）从来不是，也不可能是在真空中制订的。无论愿意与否，计划都基于并反映了敌人的思想、信念、能力和总体状况。如果不能很好地理解这些状况、能力、信念和思想，我们可能获得的关于敌人意图的信息再多，也将是不可理解的。

所有这些，都使得收集情报类似于拼凑一个巨大而复杂的谜图。少数情报色彩斑斓、引人注目，其他许多情报则单调无趣。有些情报信息太笼统了，以至于对解决具体问题没有什么价值。相反，另一些情报信息又太琐碎了，以至毫无意义。只有把它们全部拼在一起，把每一个情报准确地放在适当的地方，才可能拼成一个多少有些完整的图片。即使这样，几乎可以肯定情报也不会长期有效。

最早用于收集情报的工具是人。可以派遣侦察员、巡逻队，可以安插间谍、拦截信使，还可以审问路人和犯人，等等。这些方法可以追溯到《旧约》，甚至更久远。随着文明发展，后来增加了书写的形式。在某些方面，书面信息比口头信息更容易被截获，这又导致了最早的密码。此后，密码制造者和密码破译者之间的竞赛一直没有中断过。

大约 19 世纪中叶，第一批电子通信技术问世，这种新技术不可思议地使得信息传递，比移动最快的军队还要快。第一批电子信息是通过电线发出的。过后不久，电线就开始被窃听了。截获传向四面八方的无线信息要容易得多，因为无线电还可以用于测向和流量分析——尽可能地找出谁和谁通信，多长时间通信一次，等等。第一次世界大战期间，所有先进的交战国都使用过这些方法及无线电静默。现在也是如此。

和电报一起问世的还有摄影，它使指挥官们摆脱了对侦察员才艺的依赖——以前，他们经常需要学会绘画。因为摄影比绘画容易得多，这使得侦查员们能够获得和使用比以前更多的视觉信息。1900 年以后，飞机的使用极大地增强和拓展了摄影的功能，也扩大了收集情报的区域和速度。很快，航空摄影和飞行员的眼睛成为信息的一个重要来源。这同样适用于海上。第一次世界大战期间引进了声呐这种用于猎潜的装置，后来发展成了全球声呐网络。

第二次世界大战期间引进了雷达，此后增加了其他许多系统。有些系统如卫星和无人机是众所周知的，尽管对它们的真实功能往往是保密的，其他系统则一直秘而不宣。所有这些系统都将收集到的信息转化为电子信号，这些信号又可以立即传送到需要它的任何地点。整个庞大系统是由难以想象的复杂计算机和数据链网连接起来的，这些链接和计算机本身就参与了情报收集，这种活动被称为“信息战”。

并非所有信息都是生来平等的。决定信息价值的第一个因素是完整性。只包括某些相关因素的不完整信息碎片很可能是误导的，甚至带来危险，因为它们会导致接受者采取错误的行动或者根本不行动。实际上，即使是在和平时期，我们获得的信息也绝不会是“完整的”，更遑论在战争这个如此模糊的事务中。在拼图碎片丢失之处（因为它们几乎总是会丢失），需要依靠有根据的猜测。

第二个因素是时效性。战争是一种动态的活动，一天、一小时就可能有很大的差别。在极速进行的空战中，甚至一瞬间就可能有天壤之别。这个问题可以分为两个部分。首先，至关重要的是，信息在被收集的时候就应该是最新的。其次，信息传送、评估和传播必须尽可能地快。尽管现代技术手段（其中许多手段以光速传送信息，并能使它“实时地”被接收和采取行动）大大提高了情报的时效性，但肯定不能彻底解决这个问题。

第三个因素是准确性。准确的信息在平时往往就很难获得，在战时更是如此！现代精确制导武器的出现远未缓解这个问题，反而使获取准确信息更加困难。第二次世界大战时的轰炸机，只要知道某个德国或日本城市的位置就可以。21 世纪的后继者们，则要知道更小目标，例如总部、桥梁、电厂甚至个人的具体位置。

第四个因素是可靠性。某些信息来源尽管可能比其他来源更可靠，但可能没有一个来源是完全可靠的。某些信息来源对某些目的和一定时间来说可能是可靠的，但对其他目的和时间来说则不然。解决这些问题的唯一方法，就是尽可能多地使用多种不同来源，分别了解每个来源的能力和局限，考察它们所带来每条信息的真实性并进行比较。所有这些都是为了“理解”它们，并解答我们感兴趣的问题——即设想我们明白这些问题是什么！这个过程通常被称为情报解析。

21 世纪初，情报解析面临的最大障碍，很可能是大量过剩的数据。在 1990—1991 年的海湾冲突①中，美国卫星收集了众多信息，导致地面部队应接不暇。这些问题解释了数据挖掘技术的兴起，即利用计算机快速浏览

① 海湾冲突，即海湾战争，发生在 1990 年 8 月 2 日至 1991 年 2 月 28 日。——译者注

大量信息以期发现其中隐藏的秘密。但这些技术是可以被规避或愚弄的，尤其是在它回答具体问题的时候，由于大部分过程只能由人来执行，各种性格特征、先见、偏见、爱憎都会进入公式并影响它，这使得它既很耗时又很主观。正如罗马历史学家塔西佗（Tacitus，约 56—117）[①] 所说："能够不带愤怒、不徇私情地解释信息的人还没有诞生。"[②] 厘清这些因素并进行合理的评估，是一个从未得到很好解决的棘手问题。只要战争是由人发动的，未来就不可能解决它。

以上四个问题是有内在联系、彼此相关的。根据定义，不完整的情报是不可靠的。获得可靠、准确、完整的情报可能需要很长时间，等到所有拼图的碎片都到位，可能意味着需要永远等待，就像后勤事务一样。达成情报的及时性，部分地取决于手中的技术手段，部分地取决于领导组织等其他因素。能比另一方更快获取解析情报并采取行动的那一方，将得到十分重要的、很可能是决定性的优势。

此外，情报是一种两面性的业务。每一方都试图给另一方形成看似正确的图景，同时又否认其信息，或者

① 塔西佗的去世年份有误，应为公元 120 年。——译者注

② "Without anger and without favoritism", Tacitus, *Annales* 3. 9.

向它提供关于自己的虚假信息。因此，情报的首要工具是保密和欺骗，这两者使每一次行动和协调尝试比平时更加烦琐。据说，在2001年9月双子塔袭击事件之前就发生过这种情况。情报工作还可能造成右手不知道左手在做什么的局面。这些都是必须处理和解决的。

结果是一个动态的过程。我必须如此这般地思考，让他认为我认为、我认为他认为……同时考虑到他的意图、能力和偏见。在理论上，结果将是一系列无穷的镜像。在实践中，强大的棋手在开局阶段就能领先对手十步，但这样记录在案的指挥官预计不超过两个。甚至抢先一步往往也是很大的成就。过多地使用虚招猜测对手的意图，可能不仅会在敌人也在自己心中抹去真假的界限，结果就是混乱和无能。这就是游戏论者的公式在实践中很少诉诸有头脑的士兵的一个原因。

秘密、虚张声势、佯攻和欺骗等手段习惯性用来进行奇袭。在所有通向胜利的手段中，奇袭是最重要的。尤其是在低端战争中，致命一击也最为有效。在理论上，精准情报（那些跟踪敌人的意图和能力并看透其思想的情报）应该能够防止敌人奇袭，但经验表明，在实践中获得这样的情报很困难，而且往往不可能。

对奇袭的恐惧导致人们采取一系列有利于自身生存

的办法，以及减少遭受奇袭影响的措施。这包括分散、伪装、加固和防御等，进行全面精简机构、加深纵深部署，以及对受训练人员开展应对意外的观察和演习。每一项防御措施都很重要和必要，但只有傻瓜才相信这些措施是完全可靠的，因为战争迷雾往往在敌人已经盯上我们——或者我们已经盯上他的时候，才会散去。

最后，情报本身就像一束鲜花。有了固然很好，但并不一定实用，它只有在采取行动时，换言之，当情报和行动相结合时，才具有价值。情报负责人必须能够自由接触指挥官，指挥官必须能够掌控情报负责人。正如无人机操作员所表明的一样，在一定级别以下这两类人员必须合二为一。我们越接近敌人，所需的反应时间越短，就越需要指挥系统内的高效组织。

第六章

论战略

第一节　战略的工具箱

聚焦战争本身并忽视这个术语使用的所有其他语境，战略可能有两种不同的意义。第一种意义和克劳塞维茨有关，战略指的是那些沟通非暴力竞争（它被称为政治）和暴力竞争（它被称为较小规模的、战术层面的、实际发生的战斗）的主要行动。第二种意义和孙子有关（尽管孙子从未使用过这个术语），它是指一种在有认知能力的对手之间进行的竞争艺术。这里，我们将在第二种意义上使用这个术语。

在继续讨论之前，有必要提请注意两个基本事实。首先，战略是以结果来衡量的。如果战略以失败告终，那么再缜密的计划、再有力的进攻、再精彩的演习和再精深的计谋都是徒劳的。其次，战争是一场竞争，其本质是有认知能力的对手之间的互动。这表明，一开始便给敌人有力一击，使其无力抵抗，这样的行动不是战争。简而言之，这样简单致命的打击也让战争戛然而止。

根据地理、经济、技术、文化和类似相关因素，人们可能会习惯性地偏好某些战略而非其他战略。部落社会通常依靠突袭和埋伏进行作战。按照一些说法，西方人总是喜欢集结兵力、正面作战、袭击作战和突破进攻。东方人（尤其是那些生活在草原的人）则不然，他们倾向于选择合围和围攻。有的社会群体依靠战斗堡垒，有的社会群体则不屑于此。在选择实施正确战略的时候，所使用的武器种类和进行作战的环境（陆地、海洋、天空、外层空间或网络空间）都很重要。不同类型地形也是如此。

从根本上讲，战略原则——克劳塞维茨曾称之为纯战略，是不可改变的。战略原则适用于从较小冲突到战役甚至整个战争，所涉及部队的规模大小无关紧要，这就是我们在研究中不再区分战略和战术的原因。既然前一个术语似乎正在取代后一个术语，这种选择符合通常用法。

任何战略计划，都必须首先向目标分配力量资源，并在付诸行动时监督它们之间的协调性。然而，这只是战略的开始。如果说战略还涉及什么的话，那就是应对敌人不断变化的意图和行动。正如人们引用的 20 世纪八九十年代多次获得世界重量级拳击冠军的迈克·泰森（Mike Tyson）所言，每个人都有一个计划，直到嘴上挨一拳（Everybody has a plan till they are punched in the mouth)。老毛奇也说，没有计划也能在和敌人的第一次冲突中活下来。除此之外，战略只是“一个权宜的系统”[①] 而已。行动和反制、再行动和再反制，行动比敌人反应更快的人才能获胜。

战略的原则是简单、简约。理解战略的困难源于我们认知上的差距，换言之，源于未来可能面临什么以及对手可能做什么的不确定性。聪明的对手是不可预测的，愚蠢的对手更是如此。在其他条件相同的情况下，战争规模越大，武器装备数量越多，作战环境越复杂，制定战略的困难就越大。用拿破仑的话说，在最高层面，战略需要的智能不亚于牛顿的智能。[②]

战略的最高境界是以使敌人屈从我们的意志作为战争目标，正如孙子所言，“不战而屈人之兵”。[③] 做到这一点，既需要超人的洞见和远见，也需要超常的灵活性和近乎奇迹般化解矛盾的能力。理想很丰满，在现实中却很难实现。目标毕竟是头脑中的产物，它只能通过行动来完成。因此，每一个计划都必须始于一个直接的物

---

① “System of expedients.” H. von Moltke, “*Ueber Strategie*” (1871), in *Militaerische Werken* (Berlin: Mittler, 1891), vol. 2, part 2, p. 293.

② “At the highest level”, Quoted in Colson (ed.,) *Napoleon on the Art of War*, p. 83.

③ “The highest triumph is won”, Sun Tzu, *The Art of War*, p. 77.

理目标，如造成死亡和破坏，或包围和围攻敌军，或占领领土，或夺取要地，或瘫痪其指挥和控制系统，等等。

目标的选择取决于以下两个基本考量：第一，是它们对战争胜利可能做出的贡献；第二，是现实的可行性。后者不仅是由一方的能力决定，还往往主要是由对方的抵抗决定。一辆现代坦克可以每小时 40 英里的速度行驶，在再次加油前可行驶 300 英里。然而，一支装甲部队连续每天行进 30 多英里的情况实际上很少见。在 2003 年的伊拉克战争中，美国人用了 3 周时间才抵达巴格达。因此，他们的平均进攻速度只是理论上最大值的 5%！导致这种差距的原因，大部分归因于伊拉克人的抵抗（无论这种抵抗多么轻微），其他归因于美国人的谨慎行动和执行任务中的阻力。

在战役的任何一个阶段，确保制定合理的目标至关重要。否则的话，进攻、摧毁或夺取目标都将导致战役的全面崩溃。理想目标也可能是较低的，而且在我们的能力范围之内。理想目标的选择要有指向性，它并非德国人所说的“重点进攻”（the *Schwerpunkt*）的目的。一个很好的例证是，两个编队（无论大小）之间的连接处存在被敌人重点突破的隐患。1973 年 10 月，以色列国防军发现了埃及第二集团军和第三集团军之间的防御缺口，这使它得以越过苏伊士运河并扭转了战局。但对手也不傻，它会尽力堵住漏洞并守卫它认为最重要的据点。在战争中试图找到对手的空隙缺口，很可能是水中捞月。

选择目标之后，就必须基于各种可利用的手段和对手预期的抵抗，考察它是否能够达到。接下来，必须追溯自己的选择步骤，并确定这一目标是否真的有助于胜利。在理念上，愿望和可能应该是一致的。在实践中，由于认识的局限以及无法预见未来，这种一致是罕见的。在战略家犯的所有错误中，这可能是最常见的一种。例如，当德国人在 1941 年入侵苏联时，他们认为苏联红军有 200 个师，实际上却有 360 个师，所以德军未能成功地击败苏联红军。德军既没有占领莫斯科、列宁格勒，又没有击溃苏联红军的抵抗意志。

一个反面的错误是，根据自己的能力来选择目标，而无视这种目标对胜利可能带来的负面后果。一个很好的例证是日本人偷袭珍珠港，无论是计划制订还是执行都近乎完美（尽管有情报失误，代表太平洋舰队主力的美国航母，在遭到袭击时并不在珍珠港）。但是，东京的决策者们假定他们的敌人是颓废的，即不愿动员、不敢战斗与牺牲。日本决策者几乎没有自问过，偷袭珍珠港会如何影响美国反击的决心意志。如果他们这样做了，也许绝不敢摸老虎屁股了。

目标选定后，就可以启动具体的计划了。这包括兵力部署和资源分配，以及在它们之间划分任务，建立指挥和控制系统，选择路线和制作工作简报。对一个成功的计划来说，所有这些都是至关重要的。对实际执行来说，实现战争筹划往往是极其复杂的。举一个假定的例子，如何在科威特以西遥远的沙特—伊拉克边境的沙漠中部署50万军队以及所有武器装备，在保证部队供给的同时，确保每个指挥官、每支部队都知道自己的任务而又不惊动对手呢？

最好的战略是永远保持强大，无论是在数量上还是质量上。但这两件事是成反比的，增加数量通常会导致质量下降，反之亦然。一战时的英国数学家弗雷德里克·兰切斯特（Frederick Lanchester）论证道，要平衡2∶1的数量优势，就需要4∶1的质量优势。[①] 如果数量优势是3∶1，那么质量上的差距就应该是9∶1，以此类推。现实更是复杂，以至于除某些很有限的案例外，所有将计划还原为数学公式的尝试都失败了。在这两者之

① "Frederick Lanchester argued that…" F. W. Lanchester, "Mathematics in Warfare." J. R. Newman (ed.), *The World of Mathematics* (New York: Simon and Schuster, 1956), vol. 4, pp. 2138–2157.

间找到合理的平衡殊为不易，无论是在什么情况下面对任何对手之时。

假定战略威胁和炫耀武力是不够的，打击敌人意志的方式就产生了。速决战和持久战、进攻和防御、歼灭和击溃，所有这些都可以在不同的方式、不同层次上，同时或相继结合起来。一般来说，取胜的最快方法是把速决战和歼灭进攻结合起来，这通常是强者的选择。喜欢统领大军的拿破仑经常说，不同于其他将军，他总是全力扼住对手的咽喉，[①] 通过迫使敌人加强防守之际，创造攻击和碾压对手的机会。

从心理学上讲，发动进攻往往比等待进攻来得容易。进攻者享有的另一个优势是主动权，这让他能够确定战役的时间地点，决定想投入的资源数量，发动首攻，塑造战役局势（或在较低层次上形成战斗）并进行相应的调整。而防御者则无法做到这一点，只能接受被动反应。例如，战斗机飞行员最初只习惯于用视觉来识别对方，这就使得进攻者能够利用对自己有利的阳光和云层，而防御者一开始就发现自己处于不利位置。结果，许多飞行员还没看到敌人就被击落了。

---

① “Unlike other generals”, Napoleon on War, at http://www.napoleonguide.com/maxim_war.htm.

进攻者进行持久战和消耗战的案例很少，一个突出的例子是 1916 年的凡尔登战役。当时，德军指挥官埃里希·冯·法尔肯海恩（Erich von Falkenhayn）将军希望用炮兵给法军放血，直至法军全军覆没。另一个例子是 1969—1970 年埃及对以色列发动的所谓“消耗战”。[①] 这两个案例的结果都是失败，防御者的意志并没有被摧毁，他们没有退缩、逃跑，也没有投降。进攻者在遭受重大伤亡后，也没有达到其目的，最终停止了进攻。

由于防御者发现，更容易找到掩体或利用防御工事，通常需要的兵力也比进攻者少，因此，弱者的首选可能是采取防御态势。这使弱者不仅能更好地利用掩体，还保持通信联络的稳定，同时不必派兵去占领和驻守被征服的领土。因此，弱者只要不输就赢了。这就是克劳塞维茨所讲的，防御是更强大的战争形式。

一个试图处处逞强的防御者，最终将处处式微，走向失败。如果防御者无所作为，他的部队就会士气低落，就像 1940 年守卫马其诺防线的法国士兵一样。如果防御者试图抵抗，他可能疲惫不堪。基于这些考虑，较小的一方可能被迫挺起腰杆、采取攻势，并试图在对手发挥

① 此处时间有误，阿以战争“消耗战”时间是 1967—1970 年。——译者注

数量优势之前将其击溃。

腓特烈二世在给部队将领的命令中，极力推崇主动进攻，20 世纪初著名的施利芬计划（Schlieffen Plan）就规定了这一点。另一个很好的例证是，1967 年以色列对埃及、约旦和叙利亚的进攻。但这种方法也有风险，上述案例中只有最后一个成功了，其他案例则导致了长期的消耗战，这正是战争发动者极力避免的。无论是 1950 年朝鲜企图打败韩国，还是 1965 年巴基斯坦企图打败印度，或是 1981 年伊拉克企图打败伊朗，都没有取得成功。

有时，一方可以利用敌人空档时机发动大规模进攻，同时促使部队在遇到强敌时进行防御作战，这是老毛奇特别推荐的路径。① 实际上可能的组合是无限的。通常军队越庞大，作战行动规模越大，这一点就越是如此。此外，绝大多数军队（特别是现代军队）结构不尽相同。军队是由许多不同军兵种组成的大型组织，它们以不同方式来编组、装备和训练。有的主要靠火力，有的主要靠机动，有的是为了进攻，有的是为了防御，有的适合在开阔地带作战，有的则专用于山地战、空战、海

① “The course Moltke”, Sr. in particular recommended, Moltke, *Miltitaerische Werke*, vol. 3, part 2, p. 163.

战，或其他领域作战。

每个单位都可以独立作战，诀窍是把各个部队合成起来。多军种是指以这样一种方式把各个单位和武器整合起来，既能发挥自己的力量，同时又通过其他单位来弥补自己的弱点。这样做，就能创造一个比其各个部分的总和大得多的整体。2 加 2 不等于 4，而是等于 5 或 6 或 7。这样一支军队，能根据需要应对各种威胁。

多军种的运用妙法在于，置敌人于无破解之策的两难境地。几个世纪以来，欧洲的指挥官们通过骑兵迫使对方步兵形成密集编队（所谓方阵），来做到了这一点的。原因在于，只有这样排列的步兵才能面对更快、更强的骑兵。然而，方阵一旦形成，就可能成为炮兵的目标并被迫散开。这样一来，无论对手做什么都是死路一条。同样，在第一次世界大战中，双方的炮手经常发射一种高爆毒气混合弹，前者会迫使对手散开躲避，后者（这种炸弹比空气密度更浓）会迫使对手无处躲避。

与多军种密切相关但又不同的是配置力量，解释配置力量的最简单方法是用国际象棋来类比。即使一个普通棋手也明白这是什么意思：即以这样一种方式来启用各个棋子，每个棋子不是用于单一目的，而是同时用于几个目的。第六格或第七格上的白色棋子覆盖了国王，但同时也威胁要成为皇后，即在到达对方的底线时变成了皇后。处于正确位置上的主教可以支配某些格子，威胁对方的骑士和堡垒，并阻挡对国王可能的攻击。每个棋子单独和全部组合使用的目的越多，棋就下得越好。随着棋局的发展，每个棋子的目的都在变化，但原理并没有变。

我们想象一下，一支军队正向着某个重要目标前进。A 部队形成了一支预备队，但也准备防御来自另一个方向的对手；B 部队进行佯攻，但也负责保护军队的通信；C 部队和 D 部队相互提供掩护，同时也威胁对手。这样组合形成的可能性数量是无限的。这就相当于拿破仑坐镇其中，他部署指挥他的军团，作战军团的数量通常是八个，就像一只八爪鱼挥舞着手臂与敌人交战一样，迫使敌人待在那里并向他们逼近。

第二节　行动中的战略

让我们再回到作为一场双方斗争的战略上来，其中每一方的行动都反映了对另一方行动的应对。在这种情况下，战略所发挥作用的方式和它应该发挥的作用，最好用敌我双方的对立面来描述。对立面几乎是无限的，彼此之间又是相互联系、互为贯通。试图讨论所有对立面，将导致无尽的重复。下面列出的是行动中战略最重要的对立面，目的是阐明战略主题，而非穷尽所有对立面。

一、保持目标与灵活机动

“保持目标”是战略的基本原则之一。下定决心克服各种障碍，必要时承担各种损失并迈向一个目标，对成功来说至关重要。但在这方面，人们可能走得太远，确实存在着必须确定一条新路径的情况和时机。

由于这是一个展望未来的问题，而且希望可能最终破灭，因而确定这些情况和时机是很困难的。但这样做又是必要的，否则保持目标就可能变成以卵击石。1915—1917 年，伊松佐河上的意大利军队对奥匈帝国军队发起的进攻不下 11 次，但他们屡战屡败，伤亡数十万人。更糟糕的是，这些进攻使军队疲惫不堪，但是它们为 1917 年 10 月奥匈帝国军队在卡波雷托战役中开启了反攻道路。此战几乎把意大利军队彻底击垮。

战争瞬息万变，给那些善于把握机会的指挥官们带来了优势。他们的计划必须有多个预案而非一个，各种储备（包括物资或预备队，或两者兼而有之）也必不可少。这些计划允许进攻者改变进攻的目标、地点、方法和力量，也能使防御者加强薄弱环节或进行反击。在这两种情况下，时机就是一切。进攻者必须在敌人开始变弱时投入预备队，防御者则必须在进攻达到高潮时也投入预备队。

正常情况下，预备队的数量应占部队的十分之一至三分之一，少了会危险，多了又浪费。一旦缺乏预备队，一个指挥官就会发现很难影响战役。他只能冒险把部队从一个部门或战区，调到另一个部门或战区。1940 年德国入侵法国期间，当温斯顿·丘吉尔问法国最高司令部预备队在哪里，并被告知没有预备队时，他马上就知道一切都完了。①

灵活性的最高形式是欲擒故纵、愚弄对手。蒙古人就以欲将取之、必先予之的作战著称。从公元前 53 年的罗马将军克拉苏（Crassus）开始，由于受对手苏莱那（Surena）“诱敌深入”欺骗而他本人又傲慢轻敌，导致

① “He immediately knew all was lost”, J. Jackson, *The Fall of France* (Oxford: Oxford University Press, 2003), p. 9.

手下无数指挥官丧命，成为作战失利的牺牲品。[1] 克拉苏所做的一切，就像英国国王哈罗德（Harold）在1066年的黑斯廷斯战役中可能做的一样：受敌诱惑、轻率出击。另一个例子是，1917年德军做出后退到兴登堡防线的部署，它迫使盟军投入时间和资源把部队向前推进，并在西线建立了一个新的基础设施。这一重要作战部署正如德国人所愿，为德军节省了17个师的防御兵力。

自愿后退将以一种被迫后退不可能做到的方式，保存士气和威望。但灵活机动也有局限，就像其对立面“保持目标”一样。过于灵活机动可能意味着放弃主动权，因为各种矛盾的命令会造成部队混乱和士气低落。无论哪一种情况，结果都可能是失败。

二、保存实力与消耗实力

假定一次进攻不能结束战争，战略家的一项主要任务就是保存实力。在消耗战中这样做尤其重要，保留下来的最后一个可用的师很可能起决定性作用。另一个方法是保持防御，这通常比进攻需要的兵力更少。1916—

① 此处是指卡莱战役（Battle of Carrhae），爆发于公元前53年5月6日。——译者注

1918 年春，西线的德军就是这样做的。结果，德军在杀死每名敌军士兵上的人员数量投入，要比盟军少得多。

通常，这个原理也是知易行难。一支被保存的部队只能在严格的限度内使用，这极为被动。一个完美的例证是 1940 年的法国空军。法国空军被保留下来，是因为法国最高司令部认为这场战争将是一场长期战争，而且最后一个人和最后一架飞机将决定战争胜负，因此，法国空军几乎没有试图制止过德国装甲部队的进攻。结果是战争都结束了，法国战备飞机的数量实际上比开始时还要多！

纯粹的防御，很少（如果有的话）能赢得战争。即便是著名的罗马指挥官法比乌斯・库克塔特（Fabius Cunctator，即“那个拖延者”），也以被罗马执政官大西庇阿（Scipio Africanus）解雇而告终，更加年轻有为的继任者主动出击并打败了汉尼拔。甚至苏联红军在 1942 年为了保存其实力，也放弃了数万平方英里的领土，苏联红军在斯大林格勒停下来进行战斗，在反击前承受了巨大损失。

此外，牺牲一些实力可能是绝对必要的。一个处在防御中的指挥官可能会牺牲一些部队，以赢得时间并援救其他部队。例如，命令一个被包围的要塞不惜一切代价坚守下去，或者不顾他的一些部队还在河那边就炸毁一座桥梁。为了拯救整艘船，船长明知部分船员会牺牲也会下令关闭水密门。

消耗部队也可能是进攻的组成部分，这样会误导对手，诱使对手做出错误举动并进入陷阱。所有这一切的共同之处在于，部队人员的生命被故意牺牲了。一个指挥官不能在必要时牺牲部分兵力，或他的上级领导和他为之而奋斗的社会禁止这样做，是不可能赢得一场战争的。

三、集结与分散

用克劳塞维茨的话讲，战略的第一条规则是尽可能地强大，首先是整体性的强大，其次是在决定性的地方强大。[1] 从第一条规则引申而来的第二条规则，是把兵力集结在正确的地点、时间，以正确的目标对付恰当的敌人。一支部队若不参与完成击溃敌人意志这一主要任务，就被浪费掉了。如果是为了保障部队的供给和安全这样做，实际上可能是有害的。

① "The first rule of strategy..." Clausewitz, *On War*, p. 204.

这也存在一些问题。一是集结兵力必然会离开其他战线同时暴露防御战线，这样做很有风险。即使是以色列人在 1967 年 6 月攻击埃及空军时，就动用了 95%左右的作战飞机。二是集结兵力可能意味着没有后援，以及承担附带的风险。最后，集结兵力比分散兵力更容易被发现，作战意图也更容易被敌人判断，因而更容易被挫败。

对付兵力集结，可通过以下途径：通过同样的或更强的兵力进行反抗抵制；或把陆域打击行动作战转变为空域打击行动；或从另一个方向来施加威胁。所有这些途径，都可能迫使集结的兵力分散开来。一旦被迫分散，集结部队就可能无法达到作战目的，并以零打碎敲的方式被消灭掉。

四、战役与机动

部落战士——意指那些农业革命开始前约一万年前后的所有战士，几乎完全依靠突袭、伏击和小规模战斗。更先进的社会有可供支配的更庞大军队，能够进行正规的战斗，也即法语所说的“战役”。这样的战役使每一方可支配的主力，在一个单一的“战场”上相互对抗。

他们这样做并非隐蔽的、意想不到的，而是公开进行的，往往需要持续几个小时、几天或几个星期的长时间对峙。

马基雅维利疑惑的是，是像狮子那样还是像狐狸那样战斗，究竟哪个更好？[①] 他绝不是第一个或最后一个这样考虑的人。战役总是有风险的。一场真正成功的战役几乎立刻结束一场战争，就像公元前168年罗马人在皮德纳击败马其顿人、1866年普鲁士人在柯尼格拉茨击败奥地利人那样。

一场失败的战役可能导致同样的结果。由于这个原因，也为了利用从一个意想不到的方向向敌人进攻的优势（即利用敌人弱点使其失去平衡，并在聚焦其主体前砍掉其分支），很多指挥官格外喜欢机动灵活作战。萨克斯元帅（Saxe，1696—1750）——路易十五时期比较成功的指挥官之一、一位优秀的军事作家，就宣称，一个好的将军也许一生都在发动战争而不必去打仗。[②] 但萨克斯自己至少打了三场战役，包括1744年奥地利王位继承战争中的决胜之战——丰特努瓦战役，在该战役中，萨克斯采用灵活机动和声东击西的策略击败了敌人。

---

① "Like a lion or like a fox", N. Machiavelli, *The Prince* (Harmondsworth: Penguin, 1969), p. 99.

② "A good general might wage war..." De Saxe, *Reveries*, p. 121.

战役和机动既对立又互补。一个好的指挥官应该根据各种情况，灵活使用两者并使其相互强化。尽管如此，必须补充的是，自 1945 年前后以来，在战争中传统上所理解的战役作用一直在下降，原因在于现代武器具有强大火力。武器装备的火力迫使部队分散部署，不再允许集结主力，更不用说将所有兵力集结在一个地方。但这并不适用于较低层次上作战的小型编队，对它们而言，在战役（或者也许应该说是战斗）和机动之间进行选择，仍然与以往一样重要。

五、直接接近与间接接近

从 A 到 B 的捷径永远是直线，但直接接近往往会引起对手的阻拦。正面冲突的战斗很可能是血腥的，结局也是不明朗的。因此，应避免直接接近，而代之以间接的和意外的行动，并从敌人的薄弱环节开始，以切断敌人手脚。这样，最长的路线就成了最短的路线，间接接近就成了直接接近。反之亦然。

基于第一次世界大战期间作战双方多次为直接进攻付出的高昂代价，英国军事历史学家和评论家 B. H. 利德尔·哈特（B. H. Liddell Hart）将这一观念发展为一种学说和理论。[①] 其核心思想是这样一种主张，即间接接近是最重要的战略工具，而且它几乎是在战争中赢得胜利的唯一途径。一个很好的例证是，拿破仑在1798—1799年冬天艰难地翻越阿尔卑斯山，出其不意地直接抵达奥地利后方战场，有力支援马伦戈战役中的法军，扭转战局并击败奥军。其他这方面的案例也屡见不鲜。

六、突破与包围

一般来说，成功的捷径是突破对手的中心，使对手兵力分解为可以各个击破的碎片，如果它们必须被完全击破的话。许多胜利都是用这种方法赢得的，但也有两个不足：第一，假定对手有防备，那么实现突破必然就很难，而且可能遇到顽强的抵抗；第二，推进到对手的领地意味着暴露自己，并给自己的脖子套上绞索。1973年10月，以色列部队穿越苏伊士运河时暴露了作战行动，进攻部队几乎都被埃及人切断，这提供了一个极好的例证。

另一种可能性是包围，这可能导致被完全包抄。包

---

① "Liddell Hart developed this idea..." B. H. Liddell Hart, *Strategy* (London: Faber and Faber, 1954), *passim*.

围和包抄都会造成这样一种局面，其中一方从一个意外的方向攻击另一方并迫使其重新部署，对手的交通线和后退线都可能被切断，迫使他在不利的情况下作战或投降。此外，再用阿里埃勒·沙龙的话来说，没有什么比突然出现在敌军的后方更让士兵恐惧的了。

同样，包围和包抄也有不足。首先，谁包抄谁就自动地被包抄；其次，包围很可能迫使自己分兵，这反过来要求数量上的优势，否则包围圈就会太单薄并容易被突破。在 1944 年，盟军由于害怕发生这种情况，没有在法莱斯收紧包围德军的绞索。[①] 在任何形势下，突破和包围，究竟利大于弊还是弊大于利，都取决于当时的具体情况。

七、进攻与后退

除少数例外（迄今最重要的例外就是 1945 年的日本投降），胜利无论是部分还是完全的，都是通过实际进攻推进到敌人的领地而实现的。接下来，不管有没有战役，都必须夺取关键目标，如军事基地、地理和地形要

---

① 此处指法莱斯战役或法莱斯包围战（the Battle of Falaise Pocket），发生于 1944 年 8 月 10—25 日。——译者注

地、交通枢纽、自然资源、工业厂房、城市和各种象征性目标。占领将使一方增加资源、提高士气，对另一方则相反，它将有助于击溃对方的意志。

但是，进攻敌方领土并非没有代价。入侵攻占者的作战通信范围扩大了，迫使部队分散兵力部署，以便驻扎在所占领地区。当拿破仑进军莫斯科并到达该城时，他已经损失了三分之二兵力，部队最初的数量优势消失殆尽。另一个问题是被占领地区的人员。时间越久，他们就越可能转而反对入侵者。进攻就像泼出去的水，水流最初很强很快，但越流越弱直至完全停止。

后退者的情况正好相反，因为后退（除非自愿的，除非能清楚地解释好处）将损害士气并可能引起恐慌。越是后退，就越容易发生这种情况。后退还会导致资源损失。此外，越往后退缩，部队占领的地盘就越少，与此同时，部队在空间上离指挥中心反而越近，更加便于调动部署。因而，后退失去地盘的劣势反而演变为近距离指挥的优势。

最后有两种可能：一是不可丧失的宝贵资源、边境或天然屏障，可能迫使后退者停止后退，进行战斗；二是干脆崩溃和放弃。除非发生这两种情况中的任何一种：进攻抑或后退，否则结果将是双方角色的互换。例如，

1914 年德军在马恩河会战中因后退而导致战败。27 年后，即 1941 年 6 月 22 日德军以闪电战快速入侵苏联，却最终在莫斯科惨遭失败。

对进攻者和防御者而言，成败的决定性因素是时间。进攻者只有在有限时间来达到目的，做不到这一点，他就会受束缚、被削弱并可能以失败而告终。对防御者来说，情况正好相反，他只要不被打败就算赢了。

八、强项与弱项

用孙子的话讲，一个好的战略家应该是“以碫投卵者”。孙子把有与无、实与虚、意外与预期进行辩证思考。战略家们应该不断地调整思考问题的角度，就像萤火虫一样忽高忽低、忽左忽右变动飞行位置。无论如何变化，战略家都不会让目标远离视野，或让事情脱离控制。

在进行战略谋划时，每一方的弱项（即每一方不能做或不想做的事情）至少与其强项一样，地位作用同等重要。一方必须设下一个陷阱，而另一方一定会陷进去。

一个很好的例证就是公元前216年的坎尼会战。[①] 一方是罗马人，他们习惯于直接挺进，以发挥部队优越的纪律性和战斗力；另一方是迦太基的指挥官汉尼拔，他利用罗马人的这种习性牵着他们的鼻子走，诱使罗马军队进入预设的后退“阵地陷阱”中并包围他们。一日之内，罗马军队战死7万人。这一事件，是1000年来罗马人遭遇的最大战败。之所以如此，是由于一方的强项正好是另一方的弱项，反之亦然。

强项正好针对弱项，如此契合是极其罕见的。除以意外事故发生的形式以外，这种情况通常只能运用欺骗来实现，而实施欺骗又必须以知彼为基础。的确，在一定意义上，除非对方愿意自欺欺人，否则任何欺骗的企图都不可能成功。借用1893—1905年担任德军参谋长的阿尔弗雷德·冯·施利芬[②]元帅说的一句话，一场真正伟大的胜利，需要敌对双方以各自的方式相互“合作”。[③]

---

① 坎尼会战（The Battle of Cannae），爆发于公元前216年。战役中，迦太基指挥官汉尼拔巧妙运用谋略战术，以少胜多，击败罗马军队。——译者注

② 此处时间有误。阿尔弗雷德·冯·施利芬（Alfred von Schlieffen），担任德国总参谋长时间为1891—1906年。——译者注

③ “A really great victory...” A. von Schlieffen, “Cannae Studien”, *Gesammelte Schriften* (Berlin: Mittler, 1913), vol. 1, p. 262.

第三节　平凡与非凡

保持目标与灵活机动、保存实力与消耗实力、集结与分散、战役与机动、直接接近与间接接近、突破与包围、进攻与后退、强项与弱项，这些只是战略所概括的诸多战略行动对立面中的少数对立面。在每对对立面中，每种方法和其他方法的关系就像光明与黑暗、平凡与非凡的关系一样。战略行动对立面彼此相辅相成，但又只能以牺牲对方为代价而存在。在同等条件下，被派去转移视线的部队不能参与主攻，用来包围敌人的部队不能攻击对手正面或其预备队力量。换言之，任何既定的行动过程总要付出代价。随着一场斗争的展开，战斗特点取决于敌我双方如何处理这些军事行动的对立面。

亚里士多德认为，在日常生活，个人和群体应该在这些战略行动对立面之间找到一条“不偏不倚”的中庸之道。不多不少，恰到好处，是亚里士多德的座右铭。他的方法很有意义，因为我们无法预测未来，所以更是如此。因此，在应对一切偶然性的同时，最好采取一种平衡的方法。

应用到军事战略上，这个建议是有问题的。我再重复一遍，一个好的战略家应该是“以碫投卵者”。遵循中庸之道，就意味着进行一场面对面的正面冲突，而不是试图欺骗对手，或绕过他、利用他，或使他无立锥之地。用中庸之道来对付一个平庸的对手，结果往往同样平庸。同样，用它来对付一个卓越的对手，结果很可能是失败。

因此，战略的正确实施不仅需要预见以及应对所有可能威胁的能力，而且需要创造各种非对称形势的意愿。战局形势一会儿需要诉诸一种方法，一会儿又需要诉诸另一种与之对立的方法。这些方法应该按照一个明确的计划交替运用，但任何敌人又没有办法辨别出运用次序并加以利用。遵循这样的行动过程可能很危险，因为一个甘冒这种风险而又在努力中失败的指挥官几乎肯定会被撤职，在有的国家可能会被处决。然而，除非一开始就对他很不利，否则只有敢于承担风险才可能有好结果。

再说一遍，这一点是知易行难。任何成功的战略都必须始于研究对手，了解对手并调整自己的方法，采用针对对手本性的方式。既然这种努力是互相的，那么时间越长，双方就越会变得一致，即让自己适应和眼前的特定对手战斗，并变得和对手很相像。

因此，假定有足够的时间，一场非对称的斗争就会变成对称的斗争。随着这个过程的展开，弱者可能变得强大，强者则可能变得弱小。一支只允许和更弱的对手比赛的足球队将失去优势，一支军队也是如此。美国在阿富汗的行动一开始很顺利，但后来却演化为几乎每天都有伤亡的血腥的僵局，①这表明，必须不惜一切代价地避免这种情况的发生。在这方面，不乏其他若干例证。

既然战略的本质是欺骗（而且假定对手并不傻），那么重复同样的招数（即使是最成功的招数）就是灾难之道，尽管事实上这种重复有时可能使对手措手不及。因此，对战略的成功实施来说，首要的前提就是熟知对手，包括对手对我们的期望。

上述战略规则（在名副其实的意义上）双方都可以掌握，这就是为什么那种在众所周知规则内的战争行动，很可能不是成功秘诀而是失败原因。真正需要的是打破规则，进行换位思考。必须把光明变成黑暗或是把黑暗变成光明，把不可能变成可能。一个很好的例子是，叙利亚人和埃及人不畏惧以色列人的空中优势，依然决定

① 此处指 2001 年 10 月 7 日，以美国为首的联军对“基地”组织和塔利班开始的一场战争。2021 年 8 月 30 日，美国完成从阿富汗撤军的任务。——译者注

于1973年发动“十月战争”。这是以色列国防军和世界上其他许多军队都没有想过的事情。正如道格拉斯·麦克阿瑟将军曾说过的那样，伟大的指挥官之所以被铭记，是因为他们打破了战略的一般规则。① 最后，只有一个词语可以表达这种必要素质——天才。

所有这一切都表明，必须制订计划、收集情报、做好准备，并按照艺术的规则（还有一些条件）进行战争。但这并不是说战略是万能的，部分是因为士气因素所起的作用，部分源于战争是建立在主观愿望基础之上的，除在最低层次以外，任何将战争还原为各种算法的尝试都注定要失败。无论我们的算计多么好，战争永远会产生各种可能性。这不仅是一个涉及认知的问题，而且（可能主要是一个）涉及直觉和想象的问题。

最后，一个天才制订的计划最完美、最全面和准备最充分的战略，也可能被各种偶然事件打乱。反之，偶然性也可能使得最无能的战略获得成功。从长远看，命运女神青睐有能力的人。但正如马基雅维利写道的那样，命运女神是善变的，她的行动绝不可能被人预见。②

---

① “It is for breaking the rules…” D. MacArthur, *Reminiscences* (Annapolis, MD: Naval Institute Press, 1964), p. 264.

② “She is fickle…” Machiavelli, *The Prince*, p. 133.

第七章

海　战

第一节　海洋生活的事实

令人惊讶的是，孙子和克劳塞维茨在他们的著作中对海战只字未提。若米尼①虽然用了一章的篇幅讨论这个主题，但他仅把海战视为对陆战的一种辅助。若米尼有一长串排序清单，来说明各个指挥官成功与否。若米尼是瑞士人，瑞士是一个内陆国家，虽然他在国外几支军队服过役，却从未放弃他的国籍。这是他对海洋这个由不同规律支配的新环境一无所知的理由吗？无论如何，人们很少提及海战（更不用说制海权）的重要性，以及如何获得、继承和破坏海战的方法。

海军理论家阿尔弗雷德·马汉②和朱利安·科贝特③都试图将海战置于一个整体的战争中。马汉往往以若米尼为思考模板，科贝特则偏爱克劳塞维茨，强调他对“绝对战争”和“有限战争”的区分，以及海军力量在

---

① 安托万-亨利·若米尼（Antoine-Henry Jomini，1779—1869），法国军事理论家。——译者注

② 阿尔弗雷德·马汉（Alfred Mahan，1840—1914），美国海军理论家。——译者注

③ 朱利安·科贝特（Julian Corbett，1854—1922），英国军事理论家。——译者注

发动有限战争时可能使用的方式。然而，由于既定的论述主题，马汉和科贝特两人强调更多的是海上战略而非海战。

无论什么理由，仍有待写出一份包括了陆战和海战这两个方面，指出两者异同及其互动方式的最新的、一流的研究报告。正如公元前 13 世纪浮雕所表明的那样，非利士人试图通过海路入侵埃及，海路和陆路这两条路都是彼此相连的。如果阿凯亚人没有上千条战船渡海，即使世界上最美丽女人的娇容也不能把他们引诱到特洛伊，雅典人也不能在公元前 480 年的萨拉米斯海战中击退波斯人。

陆地和海洋的环境完全不同，这些差异在很大程度上制约着发动战争的类型。陆战总是要考虑周围人口以及可利用的资源和产品。要利用一个地区或国家的人力与物力资源，就必须先征服这个国家。通常征服一个国家都是逐步进行的，而且自己人员死亡、受伤或被俘的代价很大，只有当这一过程差不多完成时，征服者才能获得些许利益。

海上征服的情况，过去和现在完全不同。以前海上没有人，可开发的资源也很少。历史上，海洋资源几乎就是鱼类这一种资源。鱼类固然能烹饪成美味佳肴，但是对一个国家和民族来说并非十分重要，也不可能通过抢夺占有鱼类资源就让这个国家和民族屈服投降。现代科学技术的发展，使人类的触角从海面拓深到了海底。海洋资源的重要性愈发凸显，特别是石油和天然气等近海资源对经济发展至关重要，而大量的矿物资源就藏在海底深处。即便如此，现代消费者也不能生活在海上，海洋资源只有先运输到陆地，然后再进行开发利用。换言之，交通就是一切。

海上交通通常被称为海洋通道。为了避免混淆，这里我们将通篇使用后一个术语。在陆地和海上，各种通道、航线把基地和目的地连接了起来，援军和补给源源不断地从它们那里流出。如果进入基地或港口的通道被切断的话，那么它们服务的部队通常就会被迫撤退或投降，这只是一个时间问题。海洋通道类似于交通线，其中有各种交通瓶颈，如海角、海峡和运河，往往成为控制和制约敌人战略行动的要害通道。大英帝国在鼎盛时期就控制了多佛海峡、苏格兰和挪威之间的海峡（第一次世界大战时）以及挪威和冰岛之间的海峡（第二次世界大战时），还控制了直布罗陀、西西里、亚丁、霍尔木兹、麦哲伦和马六甲以及好望角和苏伊士运河等关键海上战略要地。如果没有控制这些海峡、枢纽，大英帝国就难以维持下去。

对有的国家而言，只有通过海路才能抵达它的盟国、它的敌人所在之地。如果英国和日本不是岛国，它们的历史（包括军事史）就将完全不同。这同样适用于美国这个两翼受到大西洋和太平洋保护的“全球”岛国。不经由海上通道，1939 年 4 月，希特勒在德国议会上所说的要入侵美国，只能是一种混乱糊涂的军事设想。[①] 顺便说一句，这种想法并没有阻止一家美国公司在 1985 年制作一部关于古巴入侵美国的电影。[②] 更重要的是，水路运输一直比陆路运输更加便捷、成本更低。所有伟大的古代文明，无论是远东地区还是地中海地区，都是沿着河流或临近海岸而兴起繁荣，内陆的民族则落后得多。历史上，从来没有比 1500—1850 年的所谓“哥伦布”时期的沿海民族更具有发展优势了。在陆地，最先进的运输工具是马车。在工业革命和蒸汽机发明前，马车等运输能力很难再提高。即使在陆运的鼎盛时期，马车等运输工具的负重也只有几吨，行进速度也低于每小时 10 英里。通过帆桨推动的船只尽管速度也不快，而且依赖风

---

① “The idea of invading the U. S. ...” A. Hitler, Speech of April 28, 1939, at http: //comicism. tripod. com/390428. html.

② 此处是指电影《赤色黎明》（*Red Dawn*，1985），讲述古巴和苏联军队入侵美国的故事。——译者注

力无法预测航期，但是船只的载重能力比马车等运输工具大得多。

1850 年前后出现的铁路以及半个世纪后推广使用的汽车，在一定程度上弥补了同水路运输的差距，但船只仍然是抵达岛屿的唯一手段。飞机（也可追溯到 1900 年前后）能够飞越陆地和海洋，但运载能力也受到限制。正因为这一点，美国及其盟友在 1990—1991 年和 2003 年向波斯湾派兵几乎全是通过空运，但 90% 的供给却是通过海运。尽管空运在阿富汗战争中发挥了巨大作用，然而代价费用高昂。对汽车、铁路和飞机等所有交通工具发展来说，如果没有海运的话，洲际贸易将减少到只有原来的一小部分。

海上既没有地形特征，也没有地表植被，导致船只无法找到像陆战中那样的避难所。但正是这种缺失以及没有居民，赋予了船只更大的行动自由，海上军队往往比陆地军队更难追踪锁定，1798 年纳尔逊（Nelson）在地中海徒劳无功地追逐法国舰队就提供了一个很好的例证。直到 1942 年，中途岛上的日本军对也不知道美军弗莱彻（Fletcher）海军上将的第 17 号航母特遣队究竟在哪里。到了 20 世纪 60 年代，卫星开始改变这一局面，海上船只和舰队几乎无法隐藏。如今，只有潜艇这种卓越的隐身武器能在相当程度上避开卫星的视线。

最后，在海上如同在陆地上，气候和天气起着同样重要的作用。风、潮流和潮汐经常干扰海军行动，通过机械能取代帆桨以及建造更大的船只，在某种程度上减少了船舶对它们的依赖，但依然不能忽视这些因素。尤其是潜水员及其对手，必须始终掌握好水压、温度和盐度等。

同过去一样，气象学和物理学等因素迫使人们只能在特定时间沿着特定路线出入特定水域，在其他时间路线则不行，必须避开恶劣天气等环境。1274 年和 1291 年,① 是天气因素阻碍了蒙古军队在日本登陆。1588 年，恶劣天气先是阻止西班牙无敌舰队与西班牙陆军的会合，后来的台风又几乎摧毁了西班牙整个舰队。1944 年，如果天气没有在最后一刻转晴，诺曼底登陆就不得不推迟进行。天气等条件始终是确定海洋战略相关原则的重要因素。现在依然如此。

① 此处时间有误，1291 年应该是 1281 年。——译者注

第二节　海洋战略的某些原则

陆地是所有人赖以生存的栖息地。相比之下，海洋则形成了一个几乎非自然的、没有为人类做好准备的奇特环境。历史上，无数人从未将眼光投向过海洋，有些人甚至不知道它的存在。如果人类把海洋用于民用或军事目的，就必须首先学会如何理解海洋并找到正确的应对办法，这样做需要时间和精力。这就是海军总是非常强调专业性，而很少与其他军种合作（“联合”）的原因。

由于对船只的绝对依赖，海战的资本密集度比陆战高得多，这一点甚至适用于船只由船桨提供动力的时代。总的来说，海战对使用者提出的要求和风险，例如，责任、不确定性、阻力、危险等，和陆地上的大致相似。应对这些挑战的方法也是如此，包括训练、教育、组织、纪律和领导。尽管发动海战的环境性质有可能影响作战形式，但战士所必备的素质基本没有变。

在陆地，技术（即使它只是由棍棒和石头组成的）对实施作战来说是绝对必需的。在海上，技术对作战和生存来说都是必不可少的。在公海，各种舰船包括后来加入的潜艇，性能已经很强大了，它们想去哪儿就去哪儿，想让谁沉没就让谁沉没，或想俘虏谁就俘虏谁。正如加迪斯（1596）、阿布基尔（1798）、哥本哈根（1807）、塔兰托和达喀尔（1940）等战役表明的那样，除非港口防御非常坚固，否则它们将不堪一击。这同样适用于舰船通过或试图在狭窄的水域和海峡活动时。更何况从1900年前后开始，狭窄的水域和海峡经常埋设水雷。

通常，只要不参与激烈的战斗，陆上的军队在没有获得国外提供的新补给时，至少也能生存一段时间。1918年，奥地利军队在意大利东北部的弗留利就整整驻扎了一年，尽管当地居民和军队自身的健康都付出了惨重的代价。相比之下，舰队则很难从海上获得任何补给。尽管在海上可能从其他船只得到补给，但这需要昂贵又脆弱易损的各种辅助船只的不断接力，它们的维护和修理需要在严格的规范内进行，因此，实际上所有东西都必须在港口集中装船并随船携带。这一切限制了各类船只在海上的停留时间，以及往返同一港口或寻找另一港口之前的行驶距离。并非每个港口都适合每一船只停靠。

战略的许多基础知识在海战中同样有效，包括把不同种类的船只组合起来并加以编组。在充分考虑地理因素和公海提供的行动自由的情况下，海战还包括战略所使用的原则以及大多数的矛盾范畴。由于海洋最重要的用途是运输，所以从古雅典时代起，海军的首要目标一直是确保海上通道向商业运输自由开放。假设像西方海军史的大部分时间一样，战舰和商船完全不同，做到海上通道商业开放只能通过两种方式：一种方式是使用前者为后者全面护航。如同在陆地上一样，这样做意味着放弃作战主动权，因为试图防御每一处危险都会让自己陷入弱势境地。另一种方式是建立一支强大战斗舰队。接下来，这支舰队要么找到敌人，要么锁定战位以迫使敌人交战并摧毁对手。最后，它必须追捕任何幸存者，直到对方被击沉或被封锁在港口。海军战略中最关键的要素是“海上控制”，古希腊人称为“制海权”。在公海上，拥有制海权的人可以在他喜欢的任何时间和地点为所欲为。事实上，这比陆地上更为明显，因为海战无须征服敌人，军队就能实现行动自由。制海权因马汉而更加出名，至今仍是美国海军的官方信条。

实践中，很少有一方获得对海洋的完全控制或长期掌控。大多数时候，例如在两次世界大战中，制海权是有争议的，这种争议可能是（而且经常是）局部的和暂时的。战役中过于弱小以至无法夺取制海权的海军，可以试着阻止敌人实现这一目标。第一种方式，是在敌人必须使用的海洋通道上布雷，尤其是在临近港口或狭窄的水域中；第二种方式，是保留一支不断构成威胁的舰队，限制敌人的行动自由；第三种方式，是用伪装巡洋舰攻击，主要依靠舰队的分散性和隐蔽性，速度也是必不可少的，它需要在敌人过于强大的情况下进行超越或摆脱。

历史上，袭扰船队倾向于聚焦出发港、目的港以及商人的必经之地，但也有把袭扰船队派遣至公海的情况。这时候，应对的办法就是把商船编成船队，并为船队提供近距离的护航、驱离或掩护。1911 年，正当科贝特忙于解释伪装巡洋舰攻击为何未来将不那么奏效的时候，潜艇出现了。潜艇虽无法实现对海洋的控制，却是剥夺他人制海权的一个强大工具。在两次世界大战中，德国潜艇几近迫使英国屈服。潜艇在盟军战胜日本中所起的作用同样巨大。

有一段时间，人们能在以色列海军基地看到这样的标语，“一个统治了大海的民族绝不会被打败”（在希伯来语中，“民族”与“大海”押韵）。关于陆权或海权何者更重要以及相关的争论，可以追溯到公元前 5 世纪的泰米斯托克利（Themistocles），他当时说服雅典同胞要建立一支海上舰队，在海上而不是陆上抵抗波斯人入侵。海权、陆权两种权力各有利弊。在本质上，从最早的已知时代到现在，两者的利与弊都未改变。顺便说一句，这一事实提出了科学技术的发展能在多大程度上改变战争法则这个有趣问题。

用英国法学家和散文家弗朗西斯·培根（Francis Bacon，1561—1626）的话来说，在两种权力的冲突中，那个控制海洋的人具有随心所欲发动各类战争的巨大优势。① 他可以把部队和资源从一个地方运到另一个地方；或者对敌人实行或远或近的封锁，阻止敌人运送物资和军队，使敌人窒息而死或迫使其出来应战。或是像这个短语所说的那样，把制海权“用到”需要它的时间和地方。最后但并非最不重要的是，一支较小的、掌握海洋主动权的远征军，可以试图威慑对手，迫使防御者部署更多兵力。假如威慑失败了，就把制海权扔回大海中，不再作为主要军事手段。

早在伯罗奔尼撒战争（公元前431—前404）中，雅典人就用海军来巩固他们的帝国，进口所需要的粮食，

① “In war between two powers...” Francis Bacon, “Essays Civil and Moral.” in *The Works of Francis Bacon*, B. Montague, ed., (London: Care & Hart, 1844), vol. 1, p. 39.

并突袭伯罗奔尼撒半岛。1861—1865 年，美国北方军队从海上封锁南方军队，最终对胜利做出了很大贡献。[①] 1944 年，盟军从海上进攻的威胁，迫使希特勒在西线维持了百万军队——如果它们被用于东线，也许就扭转了战局。几个世纪以来，伦敦海军部如此系统地应用了这些方法或类似方法，以至它们被统称为“英国式的战争”。

封锁有时甚至会把强大的内陆国家推到饥饿的边缘，就像第一次世界大战时的德国那样，但是，封锁他国的国家也会在人员和装备上造成巨大损耗，而且封锁并非总是有效的。一个富有农产品、原材料和工业能力的大国对封锁，是具有强大的免疫力和抵抗力的。一个拥有盟友的国家也能够通过陆路提供给它的补给而做到这一点。1805 年英国在特拉法加的大胜，就没有让拿破仑下台。第二次世界大战中，盟国的海上力量在登上陆地以前，也没有真正显现出封锁的效力。

同样，对敌方领土的海上突袭作为转移视线的行动，会迫使敌人分散兵力，而且一般来说，这种作为敌方眼中钉的行动有可能带来极佳的结果。1950 年盟军在仁川

① 此处是指美国内战（American Civil War，1861—1865），又称南北战争。——译者注

登陆突袭取得了很大的成功，可是这些行动（特别是当它们没有来自陆地的支持时）一旦变得旷日持久，就会消耗大量资源，最终得不偿失。1854 年，英法联军在塞瓦斯托波尔的登陆以胜利告终，1915 年，在加里波利的登陆却以失败告终。

大规模的、对抗性的两栖入侵代表了海战的最高成就。通常，只有两栖登陆作战才能把海上攻击转为陆上攻击。有些入侵是成功的，诸如 1066 年征服者威廉和 1942—1945 年盟军发动的登陆进攻；另一些登陆进攻则或多或少地以惨败而告终，诸如公元前 415 年雅典人对锡拉库扎的远征，以及 1942 年日本人试图攻占莫尔兹比港和中途岛。

正如许多可能的入侵者已发现的那样，在所有军事行动中，两栖行动是最困难的。除技术问题以外，这有两个原因：第一，部队登陆的最佳地点，可能不是最适合在陆地上继续行动的地点，反之亦然；第二，没有其他行动如此容易受到海上和陆地两方面的反击。在没有首先确保至少是当地的制海权的情况下，尝试两栖行动是愚蠢的。但即使满足上述条件，一个强大的、具有良好的陆地交通运输网络的现代国家，应该也能打败登陆者。这其中面临的困难如此之大，以至于现在有些观察家们认为两栖作战已过时了。

所有这一切，都体现在1914年以前流行的对海兽利维坦（Leviathan）和陆兽熊的想象中，这里的利维坦代表英国，熊代表俄国。当时最关键的是对波斯（伊朗）和印度（在当时包括现在的巴基斯坦）的控制，伦敦当局在分析俄国人对中亚的侵占时就如此认为。然而，很难看到双方如何真的相互抱怨。利维坦英国只要统治了海洋，就不会担心入侵或被勒死。陆兽熊俄国的海外贸易可能被切断并因此遭殃，但只要俄国统治了陆地，就不可能被大规模的两栖登陆入侵攻击。这在一定程度上会出现这样的局面：制海权的国家和制陆权的国家之间从来没有发生战争。而一旦爆发战争，优势绝不可能完全倒向某一方。

第三节 利维坦、熊和鸟

过去几千年来，舰船被用来对抗海军和陆军。舰船有时可能有助于保卫沿海城市。1798年在阿克里，英国海军在近海巡航，拯救了这座城市免于落入拿破仑手中。

舰船还可以像在1807—1813年的半岛战争①中那样运来补给，发动突袭和进行两栖登陆。舰船影响陆地作战行动的能力，就此停止了。与之形成对比的是，除了攻击和占领港口、海峡等，陆军几乎无法影响海战。直到20世纪初，第三个物种——鸟类（飞机）进入了。作为一个整体力量，空军对战争的影响将在下一章探讨，在此我们将简要地讨论飞机对海战的影响。

在1911—1912年对奥斯曼帝国的战争中，意大利人首先尝试在海上使用陆基飞机。虽然飞机等设备是原始的，但是作战效果却令人振奋，意大利人甚至用他们的船只为飞艇补充氢气。1913年，希腊飞机向土耳其船只投掷了炸弹。第一次世界大战期间，所有主要交战国都使用飞机和气球在海上寻找目标。找到一个目标后，他们不是自己投掷炸弹或用鱼雷攻击目标，就是用无线电指挥海军攻击目标。

水面舰艇和潜艇（后者浮出水面是为了给电池充电）都可能受到过这种方式的攻击，战争还见证了第一批水上飞机和飞艇的使用。然而，飞机航程的有限性束缚了其在公海上的军事活动。为了解决这个问题，一些

① 此处时间有误，1813年应该是1814年。半岛战争（Peninsular War，1808—1814）是拿破仑战争中的一场主要战役。——译者注

国家开始把飞机放置于舰船上。海上飞机尽管能搜索、发现海上和陆地的目标并对其发动攻击，但它的运载能力却十分有限。除少数成功的例子外，海上飞机的作战效果几乎是微不足道的。

20 世纪 20 年代，第一艘航空母舰下海了。关于何者才是未来军舰发展的趋势，究竟是航空母舰还是传统的装备枪炮的战列舰，这一争论贯穿于整个战争期间。另一个让军队各部门和参谋人员忙得不可开交的问题，是各个军种和兵种之间的关系。长期以来，陆军和海军一直是分开的，这有助于解释为什么很少有理论家同时对两者都有浓厚兴趣。现在，新的问题出现了，即陆军向一个方向发展，海军向另一个方向发展，空军向第三个方向发展。这就需要一个解决方案。

最初，陆军和海军（它们是分开行动的）各自成立自己的航空兵。在美国和日本，陆军和海军一直各自控制着自己的航空兵，直到第二次世界大战时期，结果是美、日都实际上有两支空军而非一支空军。大多数国家则采取了不同的做法。自 1918 年起，英国率先引领，设立航空兵这一独立的空中军种。航空兵设立不久，航空兵指挥官就努力占有其他兵种的空中部队，除少数几架飞机被用于联络、战场侦察等用途外。总的来说，他们还是成功了。

有的国家的海军失去了空中兵种，最主要的一个国家就是意大利，这导致意大利海军在1940—1943年成为一个丧失作战效能的军种。对热衷空中力量的人来说，事实证明，海军比陆军更难对付。特别是英国海军拒绝剥离航空兵种，最后成功地保留了空军，尽管相比之下这样做的意义并不大。苏联海军也是如此，由于没有航母，苏联海军几乎完全依赖陆基飞机，而且是同类中唯一一个使用远程重型轰炸机的军种。尽管关于“联合”的谈论无休无止，但关于谁应该负责什么的三方争议没有结束的迹象。在不同的战略愿景和数十亿美元军费的助燃下，这样的争议难以结束。

二战期间，使各种类型的舰船，包括那些支持、伴随它们的飞机，顶住了战争的考验。在欧洲西北部、地中海和远东等战场，海军和空军联合协同的迹象很快变得清晰了。第一，那些没有空中支援的水面舰队（无论是陆基的还是海基的）和有空中支援的舰队相比永远处于劣势，以至单独使用水面舰队作战几乎等于自杀。第二，事实证明，面对空中力量，潜艇也很脆弱。飞机和后来的直升机成为在海上猎杀潜艇的主要工具。第三，通过把空中力量和潜艇联合起来，特别是用于侦察、获取目标和伪装巡洋舰突袭，潜艇作战的效能可能大大提高。

在1914年以前，海军唯一能投射力量的方式是发动海上突袭或两栖登陆，海军空中力量的出现使这种能力提高了许多倍。若没有航空母舰，美国海军在太平洋的战役是不可能的，但这只是一方面。正如海基航空力量可以用来打击陆地的目标一样，陆基空中力量更可以用来打击海上目标。原因在于，在陆地部署飞机比在海上简单便宜得多，飞机可以更大、更重，能够携带更多的燃料和弹药。

飞机还被用来布设水雷。随着用来布设鱼雷等武器的飞机航程的增加，越来越多的舰队被迫避开敌方控制的浅水和海峡，并将行动限制在公海范围内。1960年起，侦察卫星和巡航导弹的运用更强化了这一趋势。利维坦、熊和鸟之间的基本联系虽然没有改变，但是随着技术的逐渐进步，水面舰队可以相对安全活动的海域正在缩小。

还要提到一个重要的发展：用海军舰艇（水面舰艇和潜艇）向远离海岸的内陆目标发射弹道导弹和巡航导弹。更重要的是，这些导弹可以配备核弹头。核战争将在下一章讨论，但重要的是要记住，把核弹放在潜艇上，是核运载工具无懈可击且确保二次打击能力的最好方式之一。一方面，是由于海洋占了地球表面70%左右的面积；另一方面，是因为潜艇仍较难发现和击沉。今后，越来越多的国家可能拥有潜艇舰队。因此，这个最年轻的海军舰队正日益成为一支最重要的海军力量。

第八章

空战、太空战和网络战

第一节　空战

正如“空中控制”和“太空控制”这两个短语暗示的那样，空战、太空战与海战有某些重要的相似之处。在所有这三种环境中，军队所能做而且应该做的最重要的事，就是夺取行动自由权，同时剥夺对手的行动自由权。如果这种夺取和剥夺不是无处不在和一劳永逸的话，至少是对当下来说十分重要的地点和时间。还有一些相似之处，天空和太空甚至比海洋还要排斥人类的存在，因此，技术在其中起着一种至关重要的作用。

技术所起的重要作用表明，飞行员、空勤人员和地勤人员必须技术娴熟。那些维护和发射导弹、操作无人机和操控各种太空资产的人也必须如此。所有这些都要求那种长期接受培训的专业人员，无论是空战还是太空战都没有为非正规人员或业余人员留有余地。许多技术娴熟的人发现，他们更容易进入民用市场，或可以在较少限制下找到工作并获得更高薪水。这反过来又对他们接受领导、服从纪律，产生了种种影响。

飞行员总是将生命置于危险之外，这种危险往往更

甚于除步兵外的任何其他战士。1914—1918年，年轻的英国飞行员的预期寿命以周为计，正如他们中的一位写的：①

年轻的飞行员奄奄一息，
就像他躺在机库里一样，
他躺着。
他对围着他站着的机械师们所说的最后遗言是：
从我的肾脏中取出气缸，
从我的脑子里取出连杆，
从我的脊梁下取出轮箱，
再把发动机装好。
然后搭乘我的校车，
把我埋在平原。

航空航天界的其他成员，无论是机械师还是地面控制员、后勤人员、气象员，并不都是这样。他们工作的地方远离战场，面临十分有限的战争环境，往往并不存

① "The young aviator lay dying", The full song is available at http://www.theaerodrome.com/forum/showthread.php?t=2774.

在危险，更不用说身体方面的危险了。他们首先是技术员，其次才是战士。他们的工作不是英雄式的，但这一事实并不表明这项工作很容易。无人机操作员经常出现的压力综合征表明，战争并没有变成一场视频游戏，它仍然如修昔底德所言，是一项人类集体的事业。

由于续航能力有限，飞机甚至比船只更加依赖基地。一架燃料耗尽的飞机将会和飞行员及其他机组成员一起从天中坠落，这同样适用于无人航天器或无人机。卫星则是另一回事，许多卫星都有太阳能电池板提供能源需求，一旦进入轨道，它们就可以在那里长期停留。另一个重要的相似之处是，飞机和航天器在起飞和降落留在地面或靠近地面时，都很脆弱而且需要保护。但一旦离开基地，它们甚至可以比船只更自由地飞向任何方向，而不受地貌、地形和人为障碍的影响。

在战争中尝试使用风筝和气球，可以追溯到3世纪时的中国。[①] 第一架作战动力飞机出现在1911—1912年的意土战争期间。第一次世界大战结束时，飞机执行侦察、炮位搜寻、联络、空空作战和空地作战等许多不同任务，例如扫射和轰炸，包括为获得制空权而对机场的

---

① 此处是指中国古代三国时期（220—280）的“孔明灯”，相传由诸葛亮发明并用于传递信号。——译者注

轰炸。在两次世界大战期间，还增加了接送伤员的空运，以滑翔机和伞兵形式进行的空中突袭等任务。到了 1939 年，空中力量已变得如此重要，以至于几乎所有大规模行动（无论是防御性的还是进攻性的），如果缺乏空中支援便很难有成功的机会。现在仍然如此。

关于这一点，人们很早就认为，空中力量的速度、航程、飞越任何一种地形的能力及其聚焦打击各种目标的灵活性，使飞机成为一种天然的进攻性武器。一旦飞机获得制空权，就没有任何东西、任何战士至少是任何平民能够抵挡住它。从 H. G. 威尔斯（H. G. Wells）1907 年的小说《空战》（*The War in the Air*）开始，军内外的作家们就竞相描述即将到来的这种恐怖。① 他们都认为，空战将会有巨大破坏和许多人伤亡。然而，飞机数量在庞大人群（他们因恐惧而疯狂，四处狂奔，导致政府垮台，并使常态有序生活陷入停顿）面前，却是显得微不足道。

这些预期其实言过其实了。在一战中，对城市的大多数“战略”攻击都是微不足道的。在第二次世界大战中，情况有所不同。起初，诸如华沙和鹿特丹这样的城

① “H. G. Wells' novel”, H. G. Wells, *The War in the Air* (London: Bell & Sons, 1907).

市被飞机狂轰滥炸，迫使波兰政府、荷兰政府屈服了。后来情况发生了变化。在欧洲和日本，尽管大规模的持续空袭造成数十万人伤亡，并带来了巨大破坏，但许多工业目标却比人们认为的那样更难以打击、更易于修复。更重要的是，在大多数情况中，在有效的民防支持下，飞机空袭并没有使民众的士气崩溃到城市（更不用说整个国家了）停止运转的地步。1950—1953 年的朝鲜战争给了人们类似的教训，尽管美国空军多次摧毁朝鲜的每一座城市，但这些轰炸并没有对整个战争产生重大影响。

空中轰炸之所以不像某些人希望和另一些人害怕的那样有效的另一个原因，是因为新的武器装备，例如战斗机、高射炮以及更重要的雷达，改变了敌我之间力量的平衡。特别是不列颠之战表明，空中力量远非一种排他性的进攻手段，它同样可以很好地用于防御。随着空战的发展，通常的摇摆效应开始显现，占上风的一会儿是一方，一会儿是另一方。但事实最终证明，空中轰炸比任何人预料的要困难得多，耗时更多、损失更大。

证明空中力量存在隐患的另一个情况是空中突袭。第二次世界大战期间，作战双方都实施了大规模空袭，但都付出了巨大代价。成功的时候是如此，如德国人 1941 年占领克里特岛时；失败的时候也是如此，如盟军

1944 年空降阿纳姆时。1954 年法国在奠边府的失败，彻底结束了法国空军的命运。从此，直升机取代了滑翔机和伞兵的部分功能。然而，直升机的航程比飞机更加有限，能携带的兵力和载重更少，而且更容易受到敌人的火力攻击。这些因素把直升机在空袭中的使用限制在小规模行动中。直升机在联络方面做得很好，它能够服务于飞行指挥所，把部队和装备运送到需要它们的地方，充当武装直升机与地面部队进行合作。因此，直升机的普及加剧了哪个军种应控制什么地盘的传统争议。

与此同时，喷气发动机的出现使各种固定翼飞机变得体积更大、速度更快、作战效力更强。大约从 1960 年开始，空空导弹和空地导弹开始慢慢取代大炮和炸弹作为战场主要武器装备，极大地提高了射程和精度。20 世纪 90 年代，第一架隐身飞机诞生了。进攻和防御、空袭和防空之间的较量仍在继续。这种较量之所以更加激烈是因为，飞机使用大致相同的加农炮、制导导弹、雷达和其他电子装备，同样可以打击使用类似装备的敌方飞机。就美国对伊拉克（1991 年和 2003 年）与塞尔维亚（1999 年）等国的成功空袭而言，主要是因为这场战争是由一个超级大国对三流军事国家发动的。自 1999 年塞尔维亚人获得一枚现代防空导弹以来，已经过去了约 20

年。2003 年，伊拉克的情况甚至更糟。由于防御武器的落后，他们都无法对空中力量进行打击。

适用于“战略”轰炸和空袭的方法，同样也适用于使用空中力量去执行。低空飞越有还击能力的敌方阵地，一直是危险的军事行动。总的来说，常规战争中运用空中力量的最佳方式，可能是打击敌人的交通线。1939—1941 年的德国空军、1942 年底西部沙漠的英国皇家空军、1944—1945 年在欧洲的美国陆军第九战术空军，以及 1967 年 6 月战争中的以色列人，都为空军执行任务提供了很好的示范。在 1950—1953 年的朝鲜战争、1956 年的苏伊士运河战争（又称第二次中东战争）、1965 年和 1971 年的印巴战争、1973 年 10 月的阿以战争和 1980—1988 年的两伊战争中，空军也发挥了重要作用。

但在这些例证中，空军并没有产生决定性的结果。1973 年，实际上是以色列地面部队摧毁了埃及的防空体系，为空军作战打开了通道。如果来自伊拉克的报道可信的话，在第一次海湾战争最后的绝望日子里，萨达姆·侯赛因（Saddam Hussein）一直关注过问的，是盟军能否向巴格达推进而非继续空袭他的国家。在世界上许多地方，恐怖分子、游击队和其他叛乱分子发动的内战中，都盛行用平民来作掩护，这就给常规空中力量的使用带来了很多问题。

20 世纪 60 年代初，弹道导弹开始取代载人轰炸机执行核战略任务，卫星在监视和侦察方面也做了同样工作。随后出现的是 70 年代的巡航导弹，1980 年前后的无人机以及 20 年后的所谓杀手型无人机。与载人战斗飞机相比，无人机具有相当大的优势。最主要的优势是，无人机所需的基础设施更简易、更不易受攻击，而且能在战场上空盘旋，训练和运营成本也不大。这也是无人机数量一直不断增加的原因。再加上刚才提到的其他设备，无人机现在已经威胁到了载人战斗机的生存。相反，在世界大多数国家，由于高昂成本促使本国的飞机数量每 15 年减少约三分之一。

显然，人类把天空变成一种更适合战斗的环境之后，就再也离不开飞机了，因为仅凭空中力量就能赢得对空中的控制。做到这一点，飞机就能收集情报、进行监视和侦察、打击地面目标，并提供其他军种无法比拟的机动性。在常规战争中，各种形式的空中力量仍将是重要的，偶尔是决定性的。问题在于，21 世纪初，绝大多数战争不再是常规战争了。相反，现代战争是由恐怖主义与反恐怖主义、游击队与反游击队、叛乱与反叛乱构成。而在这些战争中，正如从越南到阿富汗的无数战例所表明的那样，空中力量能做出的贡献更为有限。

第二节　太空战

尽管太空战在某些方面是空战的直接延续——各国空军都这么宣称，但它提出的技术问题在许多方面甚至更可怕。

第一，太空环境如此恶劣，以至于所有设备实际上都必须是无人的，并可能长期处于无人状态。这表明，太空中的设备一旦损坏，只能在很艰难的条件下进行修复。第二，常规燃料在太空的使用受到严格限制。电池、阳光、小型核反应堆这样的能源尽管都能在太空中使用，但每一种能源都有其自身的问题。第三，必须采取措施预防诸如陨石和各种碎片这样的危险，它们在太空中快速移动，很可能损坏一颗卫星。第四，太空装备距离远、速度快，运维管理需要非常精确。否则，即使是以光速运行的激光也无法击中目标。

要在太空开战，就必须先到达太空。最早的弹道导弹是由德国在第二次世界大战期间制造的，但导弹只是穿越作战目标上空，并没有进行打击作战。这种情况，一直持续到苏联和美国开始将卫星送入轨道的 1957 年。众所周知，第一颗卫星所能做的只是发出“哔哔”的声音，但情况很快发生了变化。20 世纪 60 年代初第一批侦察卫星开始运行，其执行的任务数量和种类得到了极大扩展，包括天气预报、通信、测绘、导航、攻击预警、多种情报（如视觉、红外线、雷达和电子）收集、行动后的损失评估，等等。

截至 21 世纪初，世界上已经有了一些禁止在太空部署各种武器（包括核武器）的国际条约，但是，如果有国家认为这样做具有重要的军事优势，那么这些条约早晚将被废止。20 世纪 80 年代，人们提出了许多旨在利用卫星拦截那些在穿过太空途中瞄准目标飞行的弹道导弹的计划，其中有些计划很怪诞离奇。上述计划耗资巨大，而且从地面资产保护的角度看，能否产生效果是十分可疑的。这些计划提出的某些方法还需要大量电力支持，但是电力在太空是无法获得的。另一些方法又是如此随意，以至于将卫星使用者和他们的预定目标置于几乎同样多的危险之中。这些因素很好地解释了，为什么这些方法最终全都一无所获。

从理论上讲，人们还可以在卫星上安装各种进攻性武器（如高速的、爆炸性的飞镖），对地球上的目标发动精确打击。这样做，可以根据地理环境缩短针对导弹攻击的预警时间，大大增加发动这种攻击的精度和命中率。但无论哪种方式，对弹道导弹攻击进行有效防御的问题（弹道导弹已经很可怕了），都将变得更加困难。

卫星轨道距地球 150—22 500 英里，速度在每小时 3335—17 340 英里之间变化。有些卫星是可以操纵的，很难进行拦截。然而卫星也并不是无懈可击的。使卫星变得脆弱的第一步，也许是建立一个能持续和实时跟踪它们的系统。接下来，人们需要设计出攻击卫星的方法。其中一种方法是使用从地面或飞机发射的反卫星导弹，另一种方法是使用能在太空中操纵并撞击目标或通过其他手段对付卫星的“杀手”。例如，激光可以使卫星无法识别目标，干扰通信的电子战可以使卫星失去作用或被操作接管，电磁脉冲可以使卫星崩溃。

最后，还有地面控制中心，舍此便无法与卫星通信，无法确保卫星执行任务，同时检查这些任务是否已经完成并知晓结果。和任何其他资产一样，地面控制中心有可能被飞机或各种导弹击中，也可能被网络攻击破坏。但无论如何，对任何一个国家的太空资产进行一场精心设计与实施的进攻，都可能使那些依靠卫星来完成上述任务的军队变得耳聋眼瞎。所以，在同等条件下，对卫星的依赖越大，危险就越大。

这并不是故事的结尾。最早的卫星几乎只为军事目的服务。后来，民用公司接手卫星生产、运营、维护等工作，并往往成为该领域的领导者。21 世纪初，大量日常生活服务依赖于卫星。没有卫星，在很大程度上就等同于失去了导航、通信、数据链、无线电、电视、广播、银行服务、地球观测，当然还包括其他很多让人头疼的事情。

甚至美国国防部五角大楼自己的通信网络（地球上最大的通信网络）也要依靠民用资产，而非专门的军用资产。全球定位系统尤为脆弱，它不但用于导航，而且用于引导多种导弹击中目标。由于预算上的考虑，依赖民用卫星今后可能持续下去。在理论上，一场计划周密、范围广泛、威力强大、持续不断的太空进攻战，不仅可能使没有准备好迎击它的军队的重要通信基础设施瘫痪，而且可能使整个国家的重要通信基础设施瘫痪。而且，太空战可以做到，不是在几年内、几周内或几天内，而是在几小时内就能让所有通信基础设施瘫痪。

这些景象与人们所描述的 20 世纪 30 年代战略轰炸

的景象惊人地相似，有人说是“太空珍珠港”。[①] 他们要求分配太空资源，采取有关措施，把危险降到最低。一些国家已经迈向这个方向。通信可以而且已经被加密；卫星可以被加固，不易受到攻击；卫星还可以小型化，使其更难成为受攻击目标。在生产了一定数量的卫星之后，它们可以被储存起来和发射出去，以取代那些已失效或被摧毁的卫星。人们可以尽可能地做一些防护工作，但显然这也是受到限制的。保护环绕地球的众多民用基础设施的所有要素，就相当于使一座大城市能够摆脱投掷于其上的许多颗氢弹。在理论上，这是可以做到的，但费用将超出人们的想象。

21 世纪初，尽管太空战的某些方面仍在试验，某些方面尚处于开发过程中，但也出现了某些乐观的理由。1957—2013 年，至少有 66 个国家发射了卫星。一些国家为了这一目的研制使用了自己的发射器，但大多数国家使用其他国家提供的导弹来发射卫星。在允许公开的信息范围内，还从未有过击落敌方卫星的尝试。

有些卫星是军用的，有些是民用的，很多是两用的。

---

① “Space Pearl Harbor.” J. M. Stouling, “Rumsfeld Committee Warns against ‘Space Pearl Harbor’.” *Space Daily*, January 11, 2001, http://www.spacedaily.com/news/bmdo-01b.html.

军事系统要么只为一个国家服务，要么在盟友间共享。但实际上，有无数的民用系统在同时为许多国家服务，往往既包括朋友，也包括潜在的敌人，例如美国的一些间谍卫星就是由俄罗斯的火箭送入轨道的。这些网络如此复杂交织，以至于许多针对一个国家的太空攻击无疑也会打击其他国家，结果就是政治的复杂化。这反倒使得看上去更为简单。或许，这既不能排除回旋镖效应，也不能排除全球混乱。所有这些都是太空战和网络战共同面临的问题。因而，我们现在必须转向讨论后者。

第三节　网络战

从几千年前发明船只到太空时代的到来，新的技术设备的出现总是导致战争向新的环境延伸。最近加入这一列表的是网络空间，它被定义为信息在线储存和交流的计算机网络领域。某些分析家将这一定义扩大到包括了过去的电子战。21 世纪初，很难想象到战争可能蔓延到什么领域。直到 1990 年前后，太空似乎是“最后的疆域”。网络空间完全是一个人为的环境，谁能知道其他国家是否会遵循网络空间秩序规则，以及采取什么样的网络战军事行动？

数字电子计算机可以追溯到20世纪40年代末，把计算机连接在一起的网络可以追溯到20世纪70年代。彼此互联的计算机出现后不久，人们就发现，每个网络都有漏洞且这些漏洞可以被用于情报目的，这个过程有时被称为“信息战”。[①] 在某些方面，“信息战”是普通情报行动的一个直接分支，特别是那些依靠诸如ELINT（主要源于那些不包含语音或文本的电子信号的信息）的情报行动。管理计算机用户的考虑也大致相同。在所有情况下，网络战都是一个尽可能多地了解对手、向其提供虚假信息并对自己信息保密的问题，总的目的是获得“信息优势”。

由于不涉及物理暴力，信息战本身并不比传统形式的情报和反情报战更像战争。但间谍活动什么时候变成战争了呢？有些计算机恶意软件能做的远不止发现存储在或来自对手计算机中的信息，恶意软件还能删除或修改这些信息，向计算机提供虚假信息，使计算机发生故障并无法修复。

更糟糕的是，现在计算机中有无数的军用系统和民

---

① “Information War.” See e. g. R. C. Molander, A. Riddle, and P. A. Wilson, *Strategic Information Warfare* (Santa Monica, CA: RAND, 1996).

用系统在运行，其范围从备件库存到电话网络，从电网到贸易和银行使用的网络。几乎所有这些系统构成了一个巨大网络的组成部分，这意味着军用系统可以通过民用系统被访问。在理论上，集中攻击这些系统或者彼此连接它们的许多关键节点，可以迅速使整个国家陷入停顿，特别是在私人公司（它们拥有大部分网络）提交给所特定服务政府机构的必要代码的时候。

再者，网络战的预警和20世纪30年代的空战预警有着惊人的相似之处。首先，人们会预备一份详细的目标清单，并为每个目标及其之间的联系指派一个专家团队。多种恶意软件将被设计、生产、测试并秘密植入对方网络，在给定信号后攻击就会开始。最重要的军事传感器、通信、指控中心、补给系统、防空系统等将发生故障或瘫痪，以防它们被用来进行报复。接下来，炼油厂的油泵可能被破坏，以至于引发火灾；发电站的涡轮机可能被弄得飞快（或可能停转），以破坏设备自身；一个国家的电网可能被破坏，这个国家的医疗服务、轨道运输系统、银行系统、票据交换所、证券交易所、电话服务等都可能被破坏。

当以上这些都实现时，食品、水、能源、燃料、药品和货币等重要商品，将无法在需要它们的时间和地点获取、使用。这一连锁反应对有序的经济生活造成严重破坏，并使之停顿了下来。政府在试图恢复这一切的时候将发现，自身的指挥与联络体系也受到了影响，结果将是广泛的骚乱和社会解体，随后很快出现大饥荒。进攻一方绝不会使用直接的物理暴力。但毫无疑问，对另一个国家实施这一切的政体或组织，就是在从事一种战争行为。

这种进攻在哪里适合？网络战与更为传统的战争形式相比如何？想必最大的相似之处是在总体目的方面：即造成尽可能多的伤害，使对手屈服于自己的意志，同时减少自己的损失。但这也存在某些问题。假设一次强大的网络攻击成功地给对方制造了通信混乱，进而赢得胜利。试问，那些战败的幸存者还有理由不接受战败条款并贯彻执行吗？

同常规战争一样，网络战的组织和方向是必不可少的。个人难以造成更多整体性的破坏；网络战的不确定性（但不是可以忽略的阻力）最为明显；获取情报、反情报、坚固性和恢复力对于网络战至关重要。在涉及运动、反运动等方面，网络战也类似于常规战争。就任何武器只能使用一次而言，网络空间领域的情况比其他领域更加明显。除非一开始就造成灾难性的伤害，否则长期的结果就将是一种摇摆效应，一会儿这一方领先，一会儿那一方领先。

同常规战争一样，人们必须在敌方阵营中找到一个重要但又脆弱的点，也就是一个所谓的节点。某些构成常规战略的矛盾范畴也适用于网络战：保持目标与灵活机动、保存实力与消耗实力（因为攻击中使用的任何计算机都可能被反击，有些计算机必须保持断网状态，以便留有后备力量）、直接接近与间接接近（正如通过第三方路由器攻击那样，以便更难识别攻击者），以及强项与弱项。

当然，那些依赖物理空间的对立的军事行动概念，与网络战并不相关，诸如集结与分散（把所有黑客和计算机集中在一个单一的点上，可能使它们更容易受到物理攻击）、战役与机动、突破与包围、前进与后退。然而总体而言，对网络战来说，战略要素（包括突袭以及一般战略与非凡战略之间的重要互动），和任何其他类型的战争同样重要。

网络战一旦开始，就会以极快的速度进行，而且往往是自动的，这就对战争升级产生了有力推动。更重要的是因为，大多数决策者对计算机世界的熟悉程度远不如对常规战争熟悉。至少最早从罗马将军庞培（Pompey）开始，他在公元前66—前63年没有咨询元老院就征服了整个中东。将军们忽略其政治主子的例证还很多。将军们尚且这样，程序员们又有什么理由不这样做呢？

网络战和传统战争形式之间的差异同样显著。最大的差异也许是，由于所有网络实际上构成了一个巨大网络的组成部分，所以网络攻击是很难定向和瞄准的。人们在攻击一个目标时，可能并不知道其他目标会受到什么影响以及受到何种程度的影响。例如，当2010年伊朗的核设施在遭到网络攻击时，国内外的数千台其他计算机也受到了感染——虽然没有受到伤害。网络攻击的"辐射性"在收集情报方面可能有其优势，但它必须小心翼翼地不要攻击错误的目标，包括自己的目标。

网络攻击比常规攻击更容易秘密准备和发动，威胁评估也很难，突袭——所谓的"零日攻击"① 几乎无法避免，受害者甚至可能在攻击开始和结束后的很长时间才会意识到他的危险处境。和任何其他形式的战争相比，网络战的质量优势至关重要，数量优势微不足道。和常规战争不同，假定对方能够准确跟踪，网络战中的进攻程序只能使用一次。在这个意义上，网络战更像是

① 零日（zero day）攻击，是指利用网络安全漏洞，对敌方的计算机系统或软件应用发起破坏性网络攻击。——译者注

一种战略手段而非真正的武器。

某些不构成网络组成部分的系统，只有在它们先受到物理访问时才能被攻击。震网病毒（Stuxnet）就是一个很好的例证，该程序借助磁盘扫描程序攻陷了一个伊朗人的电脑，并对其核程序造成了很大破坏。① 只要没有隔离网闸，网络攻击就可以从任何一个点、在任何一个方向，跨过任何距离发起，并不受自然的或人工的地理地形障碍的影响。和运动的（物理的）攻击不同，隔离网闸不受攻击者和目标在太空中移动方式的影响，而且它们无须物理的移动，所以不需要任何运输系统和通信线路。在后勤上，它们的需求微不足道，无须调动大量部队人员和堆积如山的装备。准备一次网络攻击可能耗资巨大而且耗时日久，但一旦有了武器设备后，再需要的成本就微不足道了。从以上方面看，网络攻击倾向于以攻对守、以小对大、以穷对富。

无论如何，网络攻击已经成为现代生活中极为复杂的、马赛克多元文化的组成部分，许多玩家根据自己的目的和能力，逐渐适应并跟上了它的步伐。然而，假定

---

① "Stuxnet", See on this K. Zetter, "An Unprecedented Look at Stuxnet, the World's First Digital Weapon." *Wired*, November 3, 2014, at http://www.wired.com/2014/11/countdown-to-zero-day-stuxnet/.

一国对另一国发动了全面的网络攻击，这个国家受到致命一击的可能性有多大？根据公开的案例经验，这种可能性似乎并不很大。国与国之间的第一次网络战（不是一个组织对另一个组织的黑客攻击）发生在2007年，当时，俄罗斯黑客强烈不满将一座纪念第二次世界大战中苏联死难者的雕像移到爱沙尼亚首都塔林另一地区，进而对爱沙尼亚发动了网络攻击。

同年晚些时候，以色列空军发动了一次网络攻击，瘫痪了叙利亚的防空系统，真相或者如媒体声称的那样。接下来，以色列利用由此打开的缺口炸毁了叙利亚正在建设的核反应堆，自己却毫发未损。2008年，格鲁吉亚遭到网络攻击，网站被关闭，与外界的通信被阻断，所有这一切都发生在俄罗斯军队投掷炸弹并进入该国之际。两年后，前面提到的震网病毒（假定是由以色列和美国情报机构制造和置入的）成为头条新闻，它侵入了控制伊朗核程序的部分计算机系统，并交替加速或减缓了用于浓缩铀的离心机，最终导致了离心机崩溃。后来，又发现了两个其他程序——“杜曲”和“火焰”（Duqu and Flame），它们也许是同一行动的组成部分。

很难说从这些有限案例中能学到多少东西。没有一个发动网络袭击的人声称承担责任。当这种网络攻击和物理攻击结合起来时（如以色列轰炸叙利亚），这并不重要。在其他三个案例中，很难获得有关证据。攻击爱沙尼亚和格鲁吉亚的黑客有可能是自己操作的，但他们更有可能是为那些帮助他们，并在遭受追捕时为其提供掩护的俄罗斯安全部门工作。

所有这些攻击（以及其他可能已经发生但尚未公开化及未被发现的攻击），都使受害者措手不及，这就使得阻止网络攻击者、先发制人和实施报复几乎是不可能的。不过，这些攻击并没有导致所针对的国家瘫痪，假定这样做是他们的实际目的。虽然有些损失，但都比较容易地得到了修复。如果说叙利亚的反应堆是一个例外的话，那是因为叙利亚遭到了物理轰炸。

2014 年，当一份报纸的头条说一个“臭虫”就能“干掉”整艘游轮时，把原因指向一种病原体导致而非故意引发的计算机故障，实际上是隐蔽网络攻击病毒引起的计算机故障。由于无法准确识别出进攻性网络战士，但是他们的行动不会像大规模的常规战争，而更像恐怖主义、破坏或犯罪。克劳塞维茨的名言——突袭对小事有效，但不大可能决定大事，① 在此似乎也是适用的。

① “Clausewitz’s dictum that surprise...” Clausewitz, *On War*, pp. 198–199.

所有一切，都使得网络战适合于发动消耗战和持久战这样的攻击。另一种可能性是把网络战和更为常规的战争结合起来，把它当作“先头部队”，就像经常使用的特种部队那样。

许多政府都设立了各种机构来保国家免受网络攻击。专门机构对网络攻击进行研究，提供有关信息、发出警报，查找网络防御的弱点，并强行制定或建议采取网络安全措施。但还有一些问题，比如，政府可能不愿与私营公司分享网络战的专业知识，私营公司也不希望政府窥视公司信息，这就是有的公司想脱离所在国家并在国外自立门户的一个原因。如果网络安全标准太低，网络预防将毫无用处；如果网络安全标准太高，许多公司不愿意或无法采用这种标准。如果网络安全标准是统一的，就可能很危险。原因在于，对各种病虫害来说，一块用来提高谷物或玉米这种单一作物的土地，比一块上面种了许多不同植物的土地更加脆弱。考虑到各种情况，最好的办法也许是政府强行制定最低网络安全标准，并允许每个个体制定各自的网络安全的细节。

在同等条件下，一个国家、民族或组织机构的网络化程度越高，在网络战中就越脆弱。反之，最好的防御就是没有计算机，或者至少不将计算机彼此连成网络。

后一种办法尽管不能解决所有问题，但能使不采用网络的国家不那么脆弱。前一种选择尽管可能使国家得以免疫网络攻击，但代价就是把国家送回到石器时代。

正如2013年斯诺登（Snowden）揭露美国国家安全局所表明的那样，信息战和网络战现在不是以秒为计地开展，而是在以纳秒为计地开展。① 许多国家都在玩这场游戏，不论是网络进攻还是网络防御，另外许多非政府组织和团体也在玩这一游戏。网络攻击造成的损失和防御网络攻击产生的成本，高达数百亿美元，甚至更多。许多小范围的破坏（或大或小）尽管已出现，但显然电网还未崩溃。当计算机病毒使空中交通管制系统瘫痪时，天上的飞机也没有相撞。2014年，俄罗斯接管克里米亚时，就伴随着包括俄罗斯、乌克兰和北约参与的密集的网络战。但胜利不属于黑客们，而属于军队及其武器装备。

所以，用空中轰炸来做一个类比，除非放松警惕并执行严重错误的政策，否则大规模的网络攻击绝不可能对整个国家造成瞬间致死的打击。尽管网络战和武装冲

---

① "Snowden revelations", See C. Steele, "The 10 Most Disturbing Snowden Revelations," *PC News*, November 2, 2014, at http://www.pcmag.com/article2/0,2817,2453128,00.asp.

突的传统作战形式存在差异，但网络战不可能完全颠覆军事发展史，并全部改变战争的性质。从这个意义上讲，网络战类似于以往所有的作战形式。能够彻底改变战争性质的只有一个例外，那就是下文提到的核战争。

第九章

核战争

第一节　终极武器

没有核武器，就没有核战略。第一颗原子弹的威力相当于1.4万吨高爆炸药，约8万人当场死亡，后来另有1万—5万人死于核辐射的影响。① 然而，这只是一个开始。有史以来威力最厉害的炸弹，是1961年俄罗斯沙皇炸弹②即帝国炸弹，爆炸威力是摧毁广岛那颗原子弹的4000倍。由于原子弹是一个把人类城市轻易摧毁成废墟的怪物，世界军火库从来没有把它列入其中。一些威力较小的炸弹（如果投放目标正确的话），可能更加有用。

只需一枚当量适中的氢弹，在适当的高度引爆并发出电磁脉冲，就能毁坏下面的无数敏感电子设备，所造成的伤害比任何网络攻击都大得多，甚至可能使整片陆地寸草不生。其他核武器，可以在大半径范围内消灭所有人类——当然不仅仅是人类的生命，与此同时却能保

① 此处是指广岛原子弹爆炸，时间是1945年8月6日。——译者注

② 沙皇炸弹（英文：the Tsar Bomba，代号：AN－602，俄语：Царь-бомба），是苏联冷战时期制造的氢弹，于1961年10月30日在新地岛试爆。——译者注

持相关建筑结构体和机器设备完好无损。如果设计者需要的话，这些建筑结构体及机器设备仍会产生辐射，让这个国家多年甚至永远无法居住使用。

我们的祖先一直梦想设计一种“终极”武器，即一种如此充满威力以至于能够给对手致命一击，使他无暇自卫或逃跑并俯首称臣的武器。耶和华在耶路撒冷附近的伯斯霍伦向迦南人投下了“大石块”，这一“大石块”比锋利的刀剑杀死的人多得多。宙斯从奥林匹斯山不可企及的高处投掷了他的雷电，也是设想能拥有终极武器。人类的子孙们为什么不能拥有这种武器呢？现在，人类已经有了这种武器，但人们很快就发现——在某些情况下无疑很失望，这种武器居然不能使用！因此，在本书运用的军事战略术语意义上，没有一种军事战略要么是必需的，要么甚至不再可能采用。

1945 年以前的几千年里，武器的威力一直在增加，时而缓慢，时而突进，武器的速度、射程、射速、精度、抵抗穿透的防御力和其他许多方面都在发展。尤其工业革命以来，往往一种单一的武器装备就能造成一种死亡和毁坏，而且规模比过去一百种武器装备更大。例如，一挺机枪就可以产生一个步兵连一样强的火力。至于潜艇、飞机、航天器和计算机等武器，则把战争带入了全新的环境。

每产生一种新的武器装备，就必须设计出新的军事学说、训练方法和组织形态，反之亦然。从这个意义讲，武器装备的深远影响远远超出了军事领域。例如，火炮（当时中世纪，只有最富有的大领主才能买得起）的发明，有助于终结中世纪并迎来新时代。尽管包括化学武器和生物武器在内的军事技术影响了战争形式，但无论如何，武器作为一种政治工具的性质始终没有改变。

核武器的影响更加深远。这是因为，与其他大规模杀伤性武器不同，核武器在理论上和实践上或许能够终结这个星球上所有人类的生命。与其他大规模杀伤性武器不同，核武器发挥效力是瞬间的，受害者根本来不及作出反应。因此，核武器不仅影响了战争方式，而且影响了战争原因及战争目的。或者说，核武器既是战争可能使用的一种方式，又涉及是否应该使用的这样一种武器。

核武器切断了胜利与生存之间的联系。纵观历史，胜利者无论损失多大都能存活下来。据说公元前 279 年，伊庇鲁斯国王皮洛士（Pyrrhus）[1]在和罗马人作战后曾说过："再来一次这样的胜利，我们就输了。"[2]如果他是通过使用核武器，来获得对具有二次核打击能力的罗马人的"胜利"的话，那么随着夜幕的降临，他肯定也会成为输家。按照这样来推测，罗马人的可能报复将使这场战争化为乌有，假设皮洛士和他的臣民还活着并能思考这个问题的话。

核武器带来的战争革命如此伟大，核战争产生的可能性如此众多，以至于人们花了很长时间才弄清楚这种新的形势。审视核武器时代的一个至关重要的事实是，核武器就在我们这里存放着。即便核弹拆除，用于民用目的的反应堆和钚分离厂依旧还存在。如果反应堆和分离厂关闭，已经生产出来的核燃料还会保留下来，而且无法完全清除。

假设我们把核燃料发射到太阳上面，在那里燃烧完毕，即便到那时，仍可以利用生产核燃料的知识技术，制造更多核燃料。如果所有从事核工业的科学家和技术员都被杀光了，就像沃尔特·米勒（Walter Miller）1960

① 皮洛士（Pyrrhus，前319年或前318年至前272年），古希腊伊庇鲁斯国王。后人用皮洛士式的胜利（Pyrrhic Victory）来形容因付出沉重代价而得不偿失的胜利，即惨胜。——译者注

② "Another such victory..." Plutarch, *Life of Pyrrhus*, 21. 8.

年的小说《莱博维茨的赞歌》（*A Canticle for Leibowitz*）[①]描写的那样，只要政府承诺足够的付酬，很快就会有新的核科学家产生。简言之，世界上不存在能够消除重建核武器的能力的裁军计划，无论这种裁军计划的用意和出发点是多么美好。

再者，没有哪一种防御或盾牌，无论多么先进，会像美国总统里根（Reagan）在他1983年关于“星球大战”的演讲中所希望的那样，将卫星运载工具变得“无能和过时”。[②]与战争中使用的其他任何技术一样，核武器也有摇摆效应，一会儿这一方发明了新装备并领先，一会儿那一方又领先了。尤其是许多用于拦截运载工具的技术，例如导弹、电子设备和计算机，经过改造后同样可以用于运载核武器与定位目标。这样的系统有太多的方式被敌人反击、瘫痪和欺骗，即使最好的情报也往往难以弄清“机会之窗”何时被创造，它是由什么构成，它能持续多久，以及它何时关闭。

在更深层次上，问题不是技术层面的，而是逻辑层面的。反弹道导弹试验即使无数次成功，也不能保证下

---

① “*A Canticle for Leibowitz.*” Lippincott & Co. , Philadelphia, PA, 1960.

② “Star Wars” speech, The speech, which was delivered on March 23, 1983, at http: //www. atomicarchive. com/Docs/Missile/Starwars. shtml.

一次成功。对大多数人来说，这种不确定性并无区别。要么是因为我们在这个问题（比如太阳明天是否会升起）上没有发言权，要么是因为我们或多或少可以承受各种后果。核武器的情况则不同。一个被告知他可以依靠本国防御并安全地发动一场攻击的决策者，应该总是询问如何才能确定本国安全防御会按既定计划运行。既然一个国家有变成辐射性沙漠的风险，而且没有比任何一个“铁甲”国家更强大的保证，那就很难看出发动一场核战争可能服务于什么目的。

对于一个无核国家来说，向一个有核国家的要害发动严重攻击是疯狂的。对于一个有核国家来说，假定这个国家有可靠的二次核打击能力（这绝非轻易能够实现的），对另一个有核国家进行同样的攻击更加疯狂。这么讲，并不是说防御系统是无用的。实际上，防御系统可以通过增加攻击者的不确定性，比如导弹事实上能否摧毁对手的二次打击能力并避免报复，来强化威慑性。

这并不表明，一个国家对另一个国家的核攻击（由某个疯狂的、准备甘冒报复风险的独裁者发动的）是绝不可能的。如果核武器真的无法使用，那么它们就不会威慑到任何人做任何事。据推测，各国彼此之间的竞争将日趋扩大、激烈，正如它们在广岛和长崎核打击之前那样。

核武器时代的事实令人费解吗？的确如此，因为关于如何才能使用核武器的争论，已经持续很长时间了。在核武器问题破解之前，我们必须做的就是澄清这样一个事实：尽管拥核国家的数量一直在增加，但并没有爆发核战争。显然，阻止核战争，实际上来自对核战争一旦升级的恐惧，即如果任何人使用了核武器，那么所有拥有核武器的人最终也会使用核武器。如果这成为事实的话，人类社会的正常生活就被打破了。

粗略估计，21世纪初各国军火库中的核装置总数约为1.5万个。① 这的确是一个可怕的景象。用冷战时期的警语说，核对抗的结果可能是“我们所知文明的终结”。数千万人也许是数亿人可能被直接杀死，尘埃云可能遮蔽太阳，全球变冷可能导致农作物歉收，最终引起人类共同体的分裂瓦解，因为人们在极端饥饿的情况下会争斗致死。幸存者会死于辐射，不仅来自核弹释放的，而且可能来自臭氧层破坏所导致的大量紫外线辐射。

少数的幸存者，在风、雨、雪、冰、热、冷、冻、

① “Is about 15,000. Federation of American Scientists.” *Status of World Nuclear Weapons 2015*, at http://fas.org/issues/nuclear-weapons/status-world-nuclear-forces/.

冰融、锈蚀、地震、海啸等灾害面前，将无能为力。随着时间推移，核武器的辐射影响会摧毁大部分建筑、道路和机器，大多数动物也会死亡。最后，我们这颗蓝色星球上仅存的生命形式很可能是昆虫、草和细菌。

正如克劳塞维茨所说的那样，观念主要存在于人们的思想中，正如“防火墙”，一旦拆掉了，再恢复几乎是不可能的。

第二节　欢迎，奇爱博士

自 20 世纪 50 年代初以来形成的核僵局，并没有使所有人满意。毕竟，如果核武器不能使用，为什么要在它们身上花那么多钱呢？尤其是作为最强大核国家的美国，总是担心被苏联（后来是俄罗斯）的常规部队压倒。美国坚决拒绝提供不首先使用核武器的保证，就像其他几个国家一样。相反，美国开始寻找一种方法，在没有过度升级风险的情况下使用核武器，似乎美国是无核国家一样。

寻找一切方法让世界安全地进行核战争，是奇爱博士①整个团队的任务。有的人穿着军装，其他人就像同名电影中的角色一样穿着商务装。奇爱博士团队的首要任务是推广更小、更灵活的核武器，小到一个人就能“可信地”威胁使用它们，而且必要时可以把威胁变成现实。

有的核武器可以用大炮发射，有的核武器可以用战斗轰炸机投掷或发射，还有的核武器仍用短程弹道导弹发射。一种据说威力只有10—20吨的高爆核炸药，可以由战场上的3名士兵在吉普车上发射。但是，如果士兵们在乱战中受到惊吓并远离吉普车的话，这个未经授权或瞄向错误目标的核武器结局会怎么样呢？而且，如果他们连同吉普车被俘获，又会出现什么后果呢？在西方，到20世纪60年代后半期，人们对战术核武器的热情开始减退。

1960年，有的国家提出达成限制核武器规模的协议。例如，可以通过谈判达成一项禁止生产TNT当量超过10万吨或50万吨的核装置设备的协议。有的提出建

① “Welcome Dr. Strangelove,” See, for the various strategies described in this chapter, L Freedman, *The Evolution of Nuclear Strategy* (New York: St. Martin's, 1984). 奇爱博士（Dr. Strangelove），又称怪癖博士。此处是指核战争狂人，专注于如何能够使用核武器，同时不需要恐惧核大战危险。——译者注

立陆军和海军可以在其中彼此尽情交战的无核区，还有的国家提出一些应该单独列出的免核打击目标清单，比如城市。然而，两极格局争霸时，美国和苏联两个国家就如同放在一个瓶子里的两只蝎子，能力相差不大，任何一方要打败另外一方都必须冒着牺牲自己的风险。以上的协议很难达成，美苏两个大国也没有达成协议。

已经达成的双边协议，例如1972年的第一阶段限制战略武器条约，① 对解决这个问题几乎没有用处。在核武器双边条约缺乏的时候，某些限制核战争的单边措施被提了出来，并在某种程度上被接受了。其中最早的是所谓的“反击措施”。根据这一措施，美国的核打击将不针对诸如莫斯科或列宁格勒这样的城市，而只针对苏联的核力量、各个核基地以及其他军事目标。所有这一切都是希望对方能明白这个“信号”，并放过华盛顿特区和纽约。如果对方不这样做，那么，美国就会储备足够的导弹和弹头，以完成不得不完成的任务。

20世纪60年代讨论得很多的另一种选择是“灵活的（或分级的）回应”，即不再使用压倒性的力量（“大

① 1972年5月26日，美苏两国首脑在莫斯科签署了《关于限制反弹道导弹系统条约》和《关于限制进攻性战略武器的某些措施的临时协定》和一系列补充协定书，统称为第一阶段限制战略武器条约。———译者注

规模报复”）来反击任何进攻，因为任何这样的进攻都可能遇到专门针对这一目的的反击。这一选择有望把战争限制在战场和支撑战争的交通区域，从而放过敌人的本土，并鼓励对方也这样做。20 世纪 70 年代起，巡航导弹和弹道导弹的打击足以精准到个别建筑，这就使得“斩首”，也就是打击敌人领袖使其群龙无首的建议，被提了出来。还有人在谈论“核武器警告”，这是一个无须解释的术语。

尽管人们对核武器知之不多，但其他国家可能已经接受了类似学说，并因此形成了核力量。对世界来说幸运的是，这些提议中没有一项得到检验，这并不是一种偶然。纵观历史，新武器的运用都会让那些接触到的人们震惊。1346 年克雷西之战，英国人使用长弓武器摧毁了素有法兰西之花美誉的重装骑士，法国人为之惊呆了。1943 年，盟军使用名为“视窗”的反雷达金属箔条装置摧毁了汉堡的德军，德军死亡数以万计，德国人被这种新式装备搞震惊了。不过，这种震惊并不持久，惊讶的一方要么会复制相关武器，要么将研究制定反制措施。这两种情况达到的效果是，人们反而减少了对新武器装备的恐惧。

迄今为止，对于上述规则来说唯一例外的是核武器。

起初，由于缺乏经验，那些拥有核武器的人们处理它们的方式令人难以置信。也许，只有奇迹才能把世界从一场意外爆炸中拯救出来。甚至更糟的是，整个20世纪50年代都在进行战争演习以检验上述各种学说。有的军队引爆了各种核武器，然后让部队驶过“爆炸原点”，① 以证明这样做并无风险。接着，他们又重组军队，以便能在放射性环境中生存和作战。核备战并不限于军事领域。一些国家建造了抗原子打击掩体，并进行了各种旨在教会学生躲在课桌下的民防演习。

根据布什和奥巴马总统时期的国防部长盖茨的说法，参谋长联席会议曾一致建议艾森豪威尔总统，在越南使用核武器以拯救法国人。② 超级大国反复采取“战争边缘政策”，这是另一个无须解释的术语。接着是古巴导弹危机，其中的主角是美国总统肯尼迪和苏联领导人赫鲁晓夫。尽管它以一声呜咽而非巨响结束，但不到10天，人类历史上绝对可怕的日子过去了。有一次，在一艘被困的苏联核潜艇上，3名军官中的任何1名军官，

① 爆炸原点（ground zero），最初用来说原子弹爆炸的地点，此处指爆炸后的核心区域。——译者注

② “Unanimously recommended...” R. M. Gates, *Duty: Memoirs of a Secretary at War*, Kindle Edition, 2014, loc. 10752.

都可能濒临世界和人类历史上一场大灾难的边缘。[①] 这一涉及两个大国的惊险经历，长期影响了人类的心理变化。

从那时起，有核国家的数量从 4 个增加到了 9 个。不过，明目张胆地威胁使用核武器的国家已经变得很少了，更遑论在第一次打击时使用核武器的国家了。尽管曾经有过几次 1962 年式的、双方怒目相视的核对抗，[②] 但无论如何，动用核武器并不涉及拥核国家中的超级大国。

这种变化不仅是语言修辞上的。在厚重的保密面纱背后，处理核武器的程序更加严密了。其中的一个重要步骤，是引入了所谓的“允许行动链接”，[③] 目的是确保这些装置即便被意外投掷和发射，或者被他人劫持时，也不会被引爆。其他步骤包括：同意在边境附近建立无核区，相互承诺在战时不攻击核设施，并相互提前告知

---

① 此处是指苏联核潜艇（“旅馆级” K-19 号）事件，该潜艇于 1961 年 7 月 4 日在格兰陵岛北约基地附近海域突然发生故障。艇内起火极易引发核爆炸，并可能被美国视为核攻击。参见盛义林：《人类历史上的核灾难》，台海出版社，2011，第 124—127 页。——译者注

② 此处是指 1962 年的古巴导弹危机事件。——译者注

③ “Permissive Action Links.” See, on them, Anon, “Principles of Nuclear Weapon Security and Safety,” 1997, at http://nuclearweaponarchive.org/Usa/Weapons/Pal.html.

即将进行的运载工具或核弹试验。为了使双方能在紧急情况下进行沟通，还设立了“热线”电话，并定期检测线路畅通。

核武器的扩散像墨迹一样会慢慢蔓延，所有预防核武器的措施只是缓解剂。如果一场真正的严重危机发生了，这些措施可能全都没用。制定预防措施的目的是，尽可能确保这样一种危机不会发生。无论以哪种方式引入这些举措似乎都表明，对核武器的恐惧是增加了，而不是像以前那样减少了。各种关于20世纪50年代核试验期间那些受核辐射影响患癌人群扩散的报告，助长了对核武器的恐惧。1986年切尔诺贝利和2011年福岛核泄漏那样的核事故（当时，受损的反应堆喷出或泄漏了放射性物质，使周边根本无法居住），更增加了人们的恐惧感。在许多国家，恐惧有助于促进核裁军运动，这反过来又迫使某些领袖至少在口头上对此作出承诺。

最后，对核战争可能造成的恐惧导致了僵局。随着更多国家获得核武器，恐惧从超级大国向外围蔓延。世界各地的一些战略家，年复一年地提请人们注意，任何两个或两个以上的核国家之间的平衡都很“微妙”，而且极其容易被打破。不过，迄今为止的事实证明，恐惧的力量足以阻止动用核武器。

对可能升级为核战争的恐惧，也限制了核大国相互发动常规战争的意愿，虽然这并没有对所有武装力量产生同样影响。首先感受到这种影响的是相邻拥核国家的陆军，它们再也不敢真打，更不用说纵深入侵对方领土了。这类事件中最大的一次局部战争，是发生于1999年的卡吉尔战争，这次战争只卷入了约1000名武装人员（据巴基斯坦人说），或5000名武装人员（据印度人说），[①] 巴基斯坦人只进入了印度次大陆几英里。接着感受到的是海军，由于海上舰队找不到避难所，在核战争中很脆弱，尤其是一只水面舰艇如何在核战争中幸存下来，是个未解之谜，然而，因具有远离本土的行动能力，海军即使在核打击范围内，也有陆军所没有的某种灵活性。例如，海军可以进行示旗、警告、封锁、打击，就像在古巴导弹危机中那样。

空军也保留了一定的自由度，比如飞越对手声称的领土并使之不敢做出反应。这一点同样适用于太空。在核俱乐部的9个成员中，只有3个具有所有类型的反卫星能力。在以下情况下，即3个具有反卫星能力的国家和剩下的6个国家开战，或者后6个国家彼此开战时，

① "The Kargil War." See V. P. Malik, *The Kargil War* (New Delhi: IDSA, 1999).

这 3 个国家的卫星将继续在轨道上运行。网络战由于隐蔽性很难被遏制，而且其影响可能很晚才被发现，所以受核威胁的影响最小。人们可能由此说，这些特性使网络战成了在核时代发动战争的最佳方法。

在说尽做绝之后，两个核国家除小打小闹以外，难以做得更多。对升级的恐惧蔓延到如此地步，以至于美国中央情报局和苏联克格勃这两个组织虽然相互敌对，但都同意不暗杀彼此的特工。这样一想，21 世纪初的核扩散倒可能是人类有史以来所发生的最好事情。核武器当然是把 1945 年以后的时代和以往所有的时代区分开来的最重要因素——因为它改变了战争游戏规则。

大国之间大战的明显减少并非没有代价，实际上许多人说，这是一个很大代价。从 1945 年开始，人类就一直生活在达摩克利斯剑之下。尽管有几十年反战经验和无数预防措施，但都无法保证战争之剑不会在某个时刻砍下来。安全的代价是不安全，和平的代价是近乎瞬间、近乎毁灭的风险。

第三节　威慑和胁迫

威慑和胁迫与历史一样古老。有时，统治者通过展示战争能力并发出威胁，从而避免受到攻击。又有时，他们用类似方法来恐吓对手，希望不使用武力就达到各种目的。1945 年以前，没有人认为这样的事情应被列入战争名下，这就是孙子、克劳塞维茨或后继者们都没有提到战争威慑的原因。一般情况下，威慑，主要用在阻止对手做出潜在行动；胁迫，主要用在逼迫对手采取某行动。

到了 1946 年，人们对威慑和胁迫的认识发生了变化。广岛和长崎的命运以及随后日本人投降产生的深刻影响，使某些分析家认识到，核武器很难在战争中使用。与此同时，另一些分析家开始寻找使用核武器的其他途径。威慑和胁迫在战争中是可行的。1945 年以后，最伟大的战略理论家伯纳德·布罗迪（Bernard Brodie，1910—1978）和诺贝尔奖获得者托马斯·谢林（Thomas

Schelling，1921—　）[1] 的著作，都对威慑和胁迫作出了精辟阐述。

既然都不涉及使用物理暴力，那么威慑和胁迫都不属于战争。相反，当威慑和胁迫失败时，战争才会爆发。但实施战争威慑的国家又都遵循了战略的原则，包括军事力量在数量上和质量上尽可能强大，需要承担重大责任、面临不确定性和双方决策者之间的阻力等各种挑战，由于双方认知所产生的一系列博弈镜像，以及已假设的战略行动对立面。这种战争博弈以及威慑和胁迫作为核战争的替代方式揭示出，敌我双方为什么都被牵涉其中。

需要重申的是，统治者和政府总是在使用各种威胁和军事手段制止敌人开战，他们也同样让敌人认同并接受所提出的要求。有时候，威胁奏效了；有时候，威胁并不起作用。1938 年，希特勒成功地运用威胁开战，迫使捷克斯洛伐克及其西方支持者英国和法国接受了他的要求。一年后，希特勒对波兰尝试同样战略时却未能如愿，转而发动了第二次世界大战。

这些案例以及其他胁迫案例都表明，受到威胁的一

---

① 原著出版时谢林健在。托马斯·谢林（Thomas Schelling），美国哈佛大学政治经济学家，生于 1921 年。2005 年，谢林同罗伯特·奥曼（Robert Aumann）分享诺贝尔经济学奖。谢林 2016 年去世。——译者注

方要么投降，要么不投降。至于威慑，事情就更复杂了。一个没有对他人发动攻击的统治者或政府可能总是声称，他们从未打算这样做。换言之，威慑从未对他们起过作用；而那些声称用威慑来针对他们的人则虚晃了一拳。

自广岛被炸以来，威慑和胁迫发生了怎样的变化呢？答案很简单：风险无限增加。在核武器以前的时代发动全面战争的希特勒说，在至暗时刻，德国人也能活下来。事实证明，他是对的。但是，如果他用核武器对付拥有核武器的对手，结果可能会有所不同。希特勒会被吓住吗？希特勒肯定是坏人，但他并不疯狂。核武器甚至能使疯子清醒过来。因此答案是，希特勒几乎肯定会被吓住。有些人有运气，有些人则没有，因为他们生不逢时。

威慑和胁迫所发挥的战略效果并不一样。前者在1945年以后的世界中发挥了巨大的、不可估量的作用。从公元前1261年埃及人和希泰人在卡迪什争夺控制中东时开始，大国就从未停止过发动彼此间的战争。根据这一事实判断，他们的现代继承者们之间的战争（很可能是核战争）早就该爆发了。正如无数出版物、民用的和反弹道导弹的防御建筑以及核裁军运动的扩散所证明的那样，许多人都期望战争发生。冷战结束后，有的人仍这样期望。尽管核威慑没有阻止所有战争，但几乎可以肯定的是，核战争阻止了规模最大的以及最可怕的一部分战争。因此，我们有理由期望威慑在未来继续发挥这样的作用。

为了威慑制止敌人的进攻，我们的灵长类祖先曾露出尖齿，毛发竖立，发出怒吼，拍打胸膛，有时候像雄猩猩那样挥舞树枝，以达到威慑的效果。智人得益于对语言的把握，拥有了更强大的威慑能力。我们可以通过装出一副漫不经心和刀枪不入的样子试图达到目的，也可以假装疯狂达到目的。我们可以烧掉身后的桥梁，可以玩胆小鬼游戏，可以划一条底线并告诉对手和其他国家，即使是动我们一根汗毛也可能导致战争升级。我们可以向对手解释，如果他捣了什么鬼，事情就可能失控。托马斯·谢林试图解释不确定性是如何操纵的，把不确定性的威慑称为“非理性威胁”。

几十年来，美国和苏联都在玩“相互威慑”这样的游戏。后者和前者不同的地方在于，苏联从未像俗语所说的那样，试图使核战争与常规战争“脱钩”。从1950—1980年，苏联的高级指挥官们始终坚持认为，任何战争一开始就有可能变成核战争。结果是，苏联无论如何要把核力量和其他力量整合起来运用。直到军力在20世纪80年代达到顶峰，苏联才对常规战争表现出些许兴趣。然而这种情况并没有持续多久，90 年代苏联的解体，再次让人们感到了核战争的脆弱，于是再次强调战术核武器的重要性。人们反反复复运用核威慑和胁迫的战略手段可能不会结束。但它真起作用吗？正如我们现在知道的那样，大战并未爆发。

在理论上，人们可能走得更远。偶尔有人谈到“末日机器”，这种机器不只是一种能毁灭世界的机制，还是一种“自动”反应设计：即如果发生一次核攻击，那么它不是在导弹击中目标之前就是在这之后发射出去。尽管“末日机器”在技术上是可能做到的，但似乎还没有哪个国家率先建造了这样一种机器。首先，不断出现失误的可能性，使“末日机器”太过危险；其次，如果不让领袖们做决定，就会大大削弱他们手中的权力。

在实践中，人们对核战争的恐惧如此之大，以至于只拥有少量核弹的国家能避免更为强大敌人的严重攻击。这一点，同样适用于那些强烈怀疑拥有核武器的国家，例如巴基斯坦和后来的朝鲜。核武器量上的差异不太重要，事实证明，核时代的威慑比以往任何时代都容易得多。事实还证明，在那些设计来测试核威慑的战争游戏中，各方沟通谈判中所显示的对核武器的恐惧如此之大，结果是各方几乎都不可能按下那个按钮。既然在实践上不惜一切代价防止核战争，是人类压倒一切的共同利益，那么使用核武器来威慑敌人（拥有核武器）相对容易。出于同样原因，做同样事情来胁迫对手这样做或那样做，几乎也是不可能的。

当核武器国家只有一个的时候，这个国家就能够对其他国家制定规则。但正如人们很快就明白的那样，这个核武器国家并没有这样做。因为一开始的时候，无论是美国军火库中核炸弹的数量或威力还是运载工具的射程，都不足以让另一个全副武装的超级大国屈服，或阻止其利用强大的常规力量来制造混乱。苏联在1949年引爆了第一枚核武器后，恐怖的核平衡就建立起来了。一个核武器国家很难胁迫另一个核武器国家服从自己的意志，通常也不可能的。

更糟糕的是，试图过分胁迫的话，可能会使防御者失去耐心并作出先发制人的进攻。规避这个问题的办法就是采取“切香肠式渐进战术”。掌握主动权的国家可以在亚核（sub-nuclear）① 层面零敲碎打地推进，而不是一招致死。胁迫者可以在外围战场或区域向其对手呈现

① 亚核，常见于“亚核武器”和“亚核战争”概念中。亚核武器指不是核武器但杀伤和摧毁力仅次于核武器的大规模杀伤武器；亚核战争，一般是指介于核战争和常规战争之间的所有战争样式。——译者注

一种既成事实，迫使对手不敢回应。如有必要，甚至可以撤退，只是为了以后再战。许多拥核国家都玩过这种游戏，美苏之间是这样，中苏之间是这样，巴基斯坦对印度是这样……中美之间也是这样。

正如古巴导弹危机证明的那样，有的时候，风险如此巨大，几乎超出了人类的想象。但在所有情况下，即使进行核威慑的双方在博弈中收获什么，那也是微不足道的。一个回合中的失败——无论是真的失败还是被认为失败了，会驱使失败者加倍努力准备下一个回合，因此失败往往是暂时的。一般人都认为，威慑和胁迫的战争游戏，尽管令人惊心动魄，或看上去精彩迷人，或充满欺骗愚弄，或令人感觉恐惧害怕，但无论如何它们都不是战争。

第十章

战争与法律

第一节　事物的原理（1）

正如我们看到的那样，战争应该是受政治/政策支配的。战争涉及双方（有时是多方）的集体活动，愿意并且能够使用几乎所有手段相互斗争，其目的是使对手屈从我们的意志，主要工具是物理暴力即杀人毁物。战争不同于游戏，有些游戏尽管也是暴力的，却没有明确的胜利定义。不同于一般犯罪，甚至聚众斗殴这种大规模的犯罪，战争至少得到了很多人的认可（社会认可而非法律认可的意义）。最后提到的这些事实，迫使我们对法律和战争之间的关系进行深度考察。

在我们先前考察的两个人当中，孙子主要论及如何备战和打赢。因此，孙子主要聚焦在军事“格言”，而且几乎没有提到军事法规。尽管《孙子兵法》第一篇就说，可能获胜的一方必须有“天者”的恩惠，但后来又说：“善用兵者，修道而保法，故能为胜败之政。”① 为了防止战争沦为一种无序、无用、邪恶、残暴的活动，

---

① “Those who excel in war.” Sun Tzu, *The Art of War*, p. 88.

某种规范必须强制和强化，而且最重要的是内化于心。

克劳塞维茨用了一两句话来讨论这个问题，[①] 但只是提及，法律远远不能削弱战争的暴力本性。而且，任何人都可能会犯这样严重的错误，即寄希望于法律能支配并约束人在战争中的行为。历史学家杰弗里·帕克（Geoffrey Parker，1943—　）在这个问题上更进了一步，他在谈到现代社会早期存在的战争法时，称之为"暴行的礼仪规矩"。

的确，法律在战争中的作用之所以至关重要，有以下三个理由。

第一，至少从西塞罗（Cicero）的时代开始人们就已经认识到，战争不仅是敌人之间的武装斗争，有人可能会说甚至主要不是。尽管如此，但战争也是一种合法状态：这或者是因为它已经被正式宣布，或者是因为（正如霍布斯所说的那样）其存在是"充分已知的"。[②] 在战争中，许多通常被禁止的行为，首先是杀戮，突然变成合法的甚至可行的。在理论上（而且在实践中），一种战争状态可能在完全没有敌对行动的时候存在一段

① "Clausewitz on his part did devote..." Clausewitz, *On War*, p. 76.

② "Sufficiently known." Hobbes, *Leviathan*, p. 143.

时间内。一个很好的例证就是1939—1940年的所谓“假战”。[①] 在9个月的时间里，英国、法国和德国的军队各有几百万人，一枪不发地相互对峙，却几乎没有交过手。这意味着两国没有开战吗？

第二，正如孙子认识到的那样，“凡用兵之法……合军聚众”。战争是一种有组织的集体活动。一个人的军队不需要法律，而任何一支有规模的军队都非常需要法律。关于谁可以对谁做什么、为什么可以做，根据谁的命令、在什么情况下、用什么手段、达到什么目的，简言之，谁必须被授勋，谁必须被吊死，必须有规则或至少有一种明确的共识。其他规则支配着战争如何开始、如何结束。战争法对这些问题和无数其他问题，提供了或者试图提供某种答案。可以说，法律为战争是什么、如何发动战争建立了一个模板，从而使那些从事战争的人知道战争如何进行。

一个没有规矩或不遵守规矩的军队，甭管人们怎么称呼它，根本不是一支军队。正如我们看到的那样，这样的军队是一群无法采取协调行动的乌合之众，就像无

---

① 假战（Phony War，Sitzkrieg War），是西方国家对1939年9月至1940年4月之间的战争名称。英法虽然因为德国对波兰的入侵而对德宣战，可是双方并没有实际上的军事冲突。——译者注

头鸡一样到处乱窜，在大多数时间里无法采取任何行动。这群乌合之众不可能成为一种政治工具，更遑论有效工具了。乌合之众往往对组建它的人，如同对其他任何人一样具有危险性。

第三个阐释战争法不可或缺的原因如下。《旧约》告诉我们，耶和华（the Lord）告诉以色列人要永远对亚玛力人开战。后者是一个居住在沙漠中的民族，他们在以色列人逃出埃及的时候背信弃义，从后方进攻他们，杀害了许多软弱无助的人。后来，耶和华命令扫罗王："把亚玛力人灭尽，灭尽他们所有，不可怜惜，将男女、孩童、乳婴、牛、羊、骆驼和驴，尽行杀死。"① 只有这样，战争才会结束。在主的眼中，如果不能杀尽背信弃义的人就是一种应受惩罚的罪行。

但这是一个例外。考虑到敌我双方既不是利他主义的，也不是心慈手软的，而是牢牢地根植于自身利益的，战争之所以不是决斗的原因有两个：第一，大多数胜利者是理智的。就像囚犯们被承诺在狱中表现好会被提前释放一样，也可以通过承诺给敌人以食宿和良好的待遇来鼓励他们投降，这可以使胜利方减少伤亡和斗争。第

① "And utterly destroy..." 1 *Samuel* 15: 3.

二，军队可能在情况变得不利于他们时，寄希望于互惠交换，例如照顾彼此的伤员。无论怎样，在绝大多数情况下，都必须做出并执行有关对待幸存者的决定。进而，在和敌人有某种相互理解的沟通方法时，投降才有可能。否则，每一场战争都可能成为“不受限制的”，都可能永远进行下去，或至少持续到对方每个人都被处死。

上述考量以及许多涉及相关问题的类似考量，共同阐释了为什么战争法和历史一样的古老。根据澳大利亚土著部落（它们是地球上结构最简单的社会形态之一）的行事方式判断，和战争规则有关的最早尝试，是把战争分为几个不同的种类。澳大利亚北部阿纳姆地的摩恩人有不少于六种形式的战争，每一种形式都不同，并以自己的名字来称呼。[①] 这些不同形式的战争，用于不同目的、针对不同敌人，并受不同的习惯规则所支配。其中，有的战争形式是致命的；有的战争形式不太致命，所以最好把它们描述为游戏；有的战争形式甚至规定了“胜利点”（victory points，即标志胜利的时刻），以决定谁赢谁输。

回到《旧约》，我们发现了一个有点相似的战争体

① “The Murngin people of Arnhem Land.” W. Lloyd Warner, *A Black Civilization* (New York: Harper, 1937), pp. 174-177.

系。最极端的战争形式是以色列人对世代仇敌亚玛力人发动的战争,① 但这只是《旧约》中提到的三种战争中的一种，而且是迄今最少见的一种。另外两种是“*milhemetmitzvah*”［字面意思是“根据（神的）戒律进行的战争”］，和“*milhemetreshut*”（“神所允许的战争”）。后来的犹太学者们，包括伟大的迈蒙尼德（Maimonides，1135—1204)，将“根据（神的）戒律进行的战争”划分为几种亚类型,② 每一种为了不同目的、针对不同敌人的战争类型，只能由一个特定的代理人或机构来宣布。每一种类型也有一个不同的胜利点，在这个点上，战争可以结束或者必须结束。

由于从公元135—137年（是犹太人反对罗马人的最后一次大起义，被镇压了）到1948年（这一年，现代国家以色列宣告成立)，一直没有犹太人军队，所以战争和法律这个问题并不存在。但以色列出现后不久，有关法律就成了拉比之间以及拉比和新成立国家中具有世俗思想的政府当局之间激烈争论的话题。赋予这个问题讨论的意义基于这样一个事实，即和大多数其他先进国家

---

① “The most extreme form of war...” *Numbers*, chapters 31 and 32.

② “Subsequent Jewish scholars...” See on this A. Grossman, “Maimondies and the Commandment to Conquer the Land.” September 17, 2013, at http: www.etzion.org.il/vbm/archive/11%85/29milchama.rtf.

不同，以色列不承认国家和宗教之间有区别，以色列人口很大一部分是正统派，其中不少人把拉比的权威置于国家之上。结果，任何忽视这个问题的以色列政治家或高级指挥官都要承担风险，因为遵守一套法律可能使其在国内和国际与他人发生冲突。

许多其他民族也承认，不同形式的战争是受不同形式的规则支配的。大多数法典都根植于宗教，并根据所信仰的神区分了不同的敌人。但从雨果·格劳秀斯（Hugo Grotius，1585—1645）开始，世俗法就开始占了上风。后来，法律越来越无视信仰，也无视种族和肤色，试图制定想要约束所有国家和民族的“普遍”标准。最古老的法律是习惯法和口头法，接着是成文法。后来，某些起源于双边协议的法律也被扩展到了其他国家。最后，国与国之间的许多法律先是得到了国际联盟的支持，后又得到了联合国的支持。

最后但并非最不重要的是，打仗能使人发怒发狂，荷马笔下最伟大的英雄阿喀琉斯（Achilles）就是这样。早在《伊利亚特》当中，阿喀琉斯就塑造成一个男人中的男人：雄辩、骄傲、敏感，但也是人。接下来，由于受到挚友帕特洛克罗斯（Patroclus）之死的刺激，他变成了一个怪物。除了他那可怕的愤怒，阿喀琉斯对任何事情都视而不见、置若罔闻。他大开杀戒、拒绝施舍，暴行残忍得令人发指，在文学中绝无仅有，以至流淌着受害者鲜血的斯卡曼德洛斯河①冲破了堤岸，并试图淹死他。

阿喀琉斯的怒火很快就发尽了。在十年战争中，阿喀琉斯怒火不可能持续超过两个小时，这是我们的荷尔蒙设置的极限。很快，悲伤就占了上风。世俗悲情软化了阿喀琉斯的心，使他遵循习俗，接受赎金，并给他最强大的敌人一个体面的葬礼。只是到了那时，阿喀琉斯才感到自己内心平定，并听从母亲的建议：吃喝玩乐，在“柔情似水”的女人布里塞斯（Briseis）的腿上寻求慰藉，② 并在她的帮助下再次彻底融入人类。

撇开这样的疯狂时刻，很难找到战争不受某种法律支配的情况。这正是统治者和指挥官本人总是被法律顾问围绕，以及顾问们写了无数关于这一主题的著作的原因。甚至那些拒绝承认法律的人也很了解战争法意义，否则他们为什么要竭力抨击法律呢？

---

① 斯卡曼德洛斯河（Scamander River），希腊神话中的河流，也是河神的名字。——译者注

② “Only then did he feel...” *Iliad* 24. 26.

第二节　发动战争的权利

正如我们看见的那样，部落人——包括《旧约》中的那些人和澳大利亚的某些土著人，有时并不是根据支配战争的总法典，而是根据许多不同法典来思考战争问题。每一部法典都适用于某一种不同类型的、针对不同民族、出于不同原因、以不同方式而发动的战争。相比之下，西方法律传统旨在创立一个单独的、适用于所有战争的法律体系。部落法典和西方法律之间最终的区别在于：一方侧重（发动）战争的权利（*ius ad bellum*）；另一方侧重战争中的权利（*ius in bello*）。欧洲自1500年前后开始拓展，已经将这一战争法传统传播到了世界的大部分地区，这也是我们遵循它的原因。

发动战争权利涉及两个主要问题：第一，需要确定谁有权利发动战争；第二，假定某个人有这种权利，人们必须问，是什么使得他发动的战争成为一场正义战争。关于前一个问题，主要涉及两类人：一是掌控政体机构的人；二是那些同一政体内的普通人。前者有权利宣布和发动战争，后者则没有。如果人们要诉诸武力，则存在两种可能性。在一个国家里，如果诉诸武力是为了反抗当局统治者，这样的行为则被视为叛乱或内战。如果诉诸武力是普通群体之间的彼此争斗，则被视为犯罪。无论哪种方式，使用武力都要受到惩罚。尽管惩罚叛乱通常要比惩罚犯罪严厉得多。

1576 年，法国法学家让·博丹（Jean Bodin）在名著《共和六论》（*Six Books of the Republic*）中，普及了“主权”这个术语。① 那些不效忠任何人且没有任何世俗上司的统治者被称为主权者，反之则不是。和其他任何人不同，主权者拥有的首要的和最重要权利就是制定法律，其次才是宣战，并把它作为一种政治工具的权利。

麻烦在于封建主义的很多传统仍未绝迹。欧洲是一个由各种不同政体组成的极其复杂的政体网络，每个政体或是由一个人统治，或是由少数具有不同权利和义务的人统治。某些新教神学家从古希腊的暴君那里得到启示，甚至试图废除战争和叛乱之间的区别，认为臣民只要服务真神并反抗压迫，就有权向统治者开战。结果，在这种区别被充分应用之前，众多学者特别是格劳秀斯花了很多时间进行研究，直到 1650 年后博丹关于主权的

① “Bodin in his famous...” J. Bodin, *On Sovereignty*, J. H. Franklin, ed., (Cambridge: Cambridge University Press, 1992), pp. 1-126.

观点才被普遍接受。

1750年前后的某个时候，普鲁士的腓特烈二世曾自称是“国家的第一仆人”。[①] 正如这一说法暗示的那样，现在将主权的属性从统治者转到他所领导政体的趋势日益增长。某些政体比其他政体更快地偏离了这一目标。然而，到19世纪中叶，那些尚未作出改变的政体被广泛地视为落后的、专制的，或者两者兼而有之。1945年以前，一切都很平静。从1919年国际联盟成立[②]和1929年《凯洛格—白里安公约》[③] 签订开始，某些政体就作出了各种尝试，来限制主权国家宣布和发动战争的权利。正如后来事件表明的那样，这种限制并不很成功。

改变这一局面的是第二次世界大战。在1945—1948年的各种战争罪审判中，某些被告被指控煽动和发动“侵略”战争。尽管“侵略”的确切含义从未被定义过，但其清晰的意蕴是，即使主权国家也只有发动“防御”

---

① “The first servant of the state”, Frederick Ⅱ, “Réfutation de Machiavel.” in *Oeuvres* (Berlin, Decker: 1857), vol. 8, pp. 169, 298.

② 此处时间有误，国际联盟不是1919年而是1920年成立。国际联盟（League of Nations，1920年1月10日至1946年4月18日），简称“国联”，是《凡尔赛条约》签订后组成的国际组织。——译者注

③ 此处的时间有误，1929年应为1928年。《凯洛格—白里安公约》（*Kelloggg-Briand Pact*），是指“关于废弃战争作为国家政策工具的一般公约”，公约首先由法国外长白里安和美国国务卿凯洛格发起，故名。——译者注

战争的权利。这一点从未有人怀疑过，在统治者决策下令时，德国和日本就是主权国家。这一原则体现在《联合国宪章》中，后来被多次重申过。作为回应，一个又一个国家开始废除作战部、作战办或作战处，这些部门功能又被国防部、国防办或国防处所取代。这些新组织不同于其前身，因为它们包括了所有三个军种——陆军、海军和空军，但这种变化几乎是形式意义上的。战争仍然是战争，战争中进行的活动仍没有变化。

从另一角度看，这种变化又具有深厚的意蕴。战争一直是统治者及政府组织借以交换领土的主要工具之一。现在，所有战争突然变成防御的或由其发动者宣布为防御的，那么使用武力来征服和吞并领土就不可能再被容忍了。确实，现在还有一个国家试图这样做，最好的例证就是以色列。1967 年，以色列发动了一场先发制人的战争，结果便是占领了西奈、耶路撒冷、西岸和戈兰高地。1979—1982 年，西奈被归还给埃及，其余地方仍处于以色列的统治下，但没有得到其他国家的承认。

这些年来，在诉诸战争法方面的另一个变化是，从瑞士律师伊曼里奇·瓦特尔（Emmerich Vattel，1714—1767）的时代开始，人们总是假定被占领的人民无权反抗占领者。如果他们这样做了，就可以根据“战争法”

（在实践上通常意味着根本没有法律）来对付他们。作为回报，“军事必需”原则允许人们假定他们和其财产享有战争之最恐怖的豁免权。现在，侵略战争和防御战争之间的区别已经确立，吞并已被禁止，由此可以类推出，那些自己国家的领土被他人占领的人，拥有了发动战争的权利。

即使是在二战期间，被轴心国占领的国家中，有许多“抵抗”运动口头上也声称要诉诸战争权利。结果，当那些国家自己殖民地上的臣民在20世纪40年代末和50年代开始对统治者使用类似方法时，他们发现很难反对。迄今为止，很少有任何“解放运动”被公认为主权政体，尽管其成员不再被当作罪犯，同时还被赋予一般罪犯不具有的各种权利。

这还不是故事的结束。1990年，美国通过请求联合国安理会允许美军进攻伊拉克并获得许可，从而开创了一个先例。授予战争的权利越来越多地从个别国家转到了联合国安理会。如果安理会不同意的话，人们就会利用像“意愿联盟”（Coalition of the Willing）的类似说辞来为自己提供必要的掩护。简言之，当国家在开战中失去某些权利时，各种其他组织就会开始插手战争游戏。

怎样使一场战争具备正义性，与谁有权发动战争，两个问题交织在一起。根据定义，只有那些有权发动战争的人才能以一种公正的方式这样做；相反，战争的正义性并不适用于这种情况，即掌握权力之人或机构可以随意发动任何战争。维吉尔（Virgil）在《埃涅阿斯纪》（*Aeneid*）中甚至似乎提到两种不同的来世，① 一种是正义之人的来世，另一种是其他人的来世。

圣奥古斯丁（Saint Augustine，354—430）借鉴了先前的罗马法，把战争描述为一种只是基于极端的必然性才从事的恶。② 正义战争必须源自人的善意，而非恶的本质。最后但并非最不重要的是，一场战争只有当它被用来消灭恶人的时候，特别是那些不仅仇视人类同胞，而且仇视上帝的异教徒时，才是正义的。约9个世纪后，伟大学者圣托马斯·阿奎纳（Saint Thomas Aquinas）也阐述了这个问题。第一，发动战争不应像我们今天所说的那样是为了得到什么或获取“利益”，而应是为了善和正义的目的，比如惩恶或纠正一种用其他手段无法纠正的错误。第二，既然正义战争必须从某种善意出发，它就不必以如此残酷的方式进行并达到如此极端的程度，

① Virgil in the *Aeneid*. Book Ⅵ.

② “Drawing on previous Roman law…” See, for St. Augustine and St. Thomas Aquinas, F. H. Russell, *The Just War in the Middle Ages* (Cambridge: Cambridge University Press, 1975), pp. 16-39, pp. 258-291.

以至于抵消和掩盖了那种善的意图。很久以后，这一理念才被称为“正当性”。除去基督教的原装，这两种论点依旧不衰。从 1990 年开始，第一种论点一直被以美国为首的“西方”用来证明一系列干涉战争。

简言之，发动战争的权利极为重要。若不区分哪些人有权发动战争和哪些人无权发动战争，若不区分正义战争和非正义战争，社会就无异于一帮强盗，而且不可能存在下去。孙子没有用过这个术语，但他似乎认为，正义战争是建立在君臣关系和谐基础之上的战争，正如上文解释的那样，战争享有“上天”的恩惠。我们可以放心地假定，上天不会保佑一场无权发动或野蛮发动的不义战争。在这个意义上，这是一个很好的定义。

正如导言中提到的那样，克劳塞维茨简单地撇开了这个问题。在他看来（尽管他从未这样说过），强权就是公理。这种观点不符合这样一个事实，即自有历史以来，从未有过一个人和一个士兵准备为一项他明明知道或感到不义的事业甘冒生命危险。的确，纪律和宣传（特别是那种基于宗教的宣传）可能对动员社会参与战争有很大作用，但纪律将面对这样一个事实，即一个士兵的上司的所作所为可能比敌人做得更差。而且那些负责宣传的人将明白，人们的信仰、信仰的程度，以及最重要的信仰多长时间，都是有限的。在这个意义上，克劳塞维茨的研究方法，绝不像他的继承者们厚颜无耻地所说的那样是“现实主义”。

第三节　战争中的权利

即使战争是由适当的权威发动的，并且是为了正义的事业，在战争中也不能为所欲为。自古以来，在发动战争的过程中有许多禁忌。总体而言，这些禁忌被称为“战争中的权利”。最初，“权利”体现在习俗、宗教当中或两者兼而有之。后来，它们被列入所有法律，变得非常正式和详细。在此，我们能做的一切就是提供讨论这些主题的几个例证。

有些事情是绝不允许的。最典型的就是违背誓言、承诺和契约，背信弃义地进行偷袭，例如双方约定停战一方却进行了破坏，或者俘虏被宽待时却又拿起武器等。这些事情被禁止，这并不表明它们不会发生，而是说它们一直被认为是违反战争法的，无论出于何种原因并且以何种名义。那些做了这些事情的人应该受到惩罚，而且机会许可时必然受到惩罚。这种惩罚往往是以任何人都能想到的最野蛮和最可怕的方式实施的。

不幸的是，这种措施有时很难与诡计、策略和突袭区分开来。尤其是那些从事“特殊”使命的突击队员，常常穿戴上敌人的军装和徽章，欺骗他们并打对方一个措手不及。例如，某些中世纪的学者就怀疑禁止奇装异服的圣经《申命记》第22章第5节，是否也适用于那些为了发动政变（*a coup de main*）而男装女扮的人。这一直阻碍着如何以公正的方式解决这一问题。只要地球上还在打仗，他们就可能继续这样做。

随着时间的推移，许多反映历史情况的禁忌已经发生了变化。以如何对待圣物、宗教建筑物和各种遗址为例，希腊人在这一方面是宽容的。尽管在神施加惩罚的情况下有时还施加上人的惩罚，但神庙连同通常包含的宝藏则被认定为不可侵犯的。罗马人在这一方面更进了一步，他们接受了敌人的神像并把它们带到罗马，安纳托利亚人的西布莉女神、埃及人的伊西斯神和波斯人的密特拉神在那里都有崇拜者。儒家和佛教徒可能不会这样做，但总的来说他们同样是宽容的。

一神教则表现不同。在《旧约》中，以色列人与敌人之间的任何一场战争都涉及各自的神，各种圣物体都是极好的作战目标。先知撒母耳听说圣柜被非利士人夺走，当场从椅子上摔了下来，脖子摔断而死。[1] 以色列人每赢得一次胜利，要做的第一件事情就是斩草除根地铲除敌人的众神。基督徒和穆斯林也常常如此。

直到三十年战争时期，新教徒和天主教徒还经常亵渎彼此的礼拜场所。他们不确定是否接管这些场所并重新圣化它们。从1650年开始，世俗化的蔓延引起了情况变化，人们日益倾向于远离礼拜场所。毕竟，如果神没有干预人类事务，亵渎、破坏或吞并神圣的场所和物体，又有什么意义呢？后来，那些在希腊和罗马一直被视为卓越战利品的艺术珍品也获得了豁免。在西方，神连同它的建筑和仆人享有特权。在伊斯兰世界则不然，宗教往往被视为严肃得多。处理上述事情的两种不同方式，形成了两种文明关系中的一个越来越重要的问题。

与这个问题相关的是如何处理敌人尸体。特别是在部落战争中，尸体往往被肢解，目的是羞辱敌人或者防止死去的敌人进入来世。也许，最恶劣的羞辱形式是食人。据某些记载，战败的敌人曾被生吞活剥。在古希腊，通常的做法是让战败的敌人取回死者尸体并埋葬他们。很久以后，到了20世纪，如何处理对手的尸体才成为若

---

① "The Prophet Samuel..." 1 *Samuel* 25.

于国际条约的主题，这些条约规定了诸如登记、埋葬、告知亲属、处理死亡士兵的个人物品等事宜。在红十字会的主持下，还成立了一些特定组织来管理尸体。

谁可以被俘以及如何对待俘虏的问题也引起了类似麻烦。正如我们看到的那样，很少有战争是以战败者中单个的领袖、随从、男人、女人和儿童被杀而告终。根据战争发动国的社会生活类型和习俗，人们采取了不同的办法来对待俘虏。领袖往往是首要的目标——罗马人有一枚特殊的勋章用以表彰那个在战斗中处死敌方指挥官的人，其他俘虏则往往在经受示众、肢解和折磨后被处死。

通常，俘虏的命运是被扔下塔佩亚岩，这是一个 80 英尺高、可俯瞰罗马广场的悬崖。但并非所有人都遭此厄运，逃脱这种命运的是帕尔米拉的女王——泽诺比亚（Zenobia，267—274 年在位），她在反抗皇帝奥勒良（Aurelian）时被击败了。4 世纪初的历史学家特雷贝利乌斯·波利奥（Trebellius Pollio）说，她被救了，部分原因是她那“匪夷所思的性感诱惑”。在更多时候，另一些领袖以某种方式被关押，直到他们支付赎金。还有些时候，他们被视为神圣不可侵犯的，所以以某种方式被释放了。就譬如先是厄尔巴岛上的拿破仑一世，后是他的侄子拿破仑三世在色当（法国北部城市）战败被俘后所发生的那样。

部落社会尽管几乎总是以可怕的方式处死成年男性俘虏，但却往往允许女人（尤其是年轻美貌的女人）和儿童生存下来，将其视为战利品并最终接纳她（他）们。那些更复杂、具有更强治理能力的政体，通常会以这种处理俘虏的方式为榜样，但这些国家即使不处死男性俘虏也会奴役他们，希腊人和罗马人都是理所当然地这样做的。在中世纪，囚犯的待遇反映了他们的社会地位。骑士会被扣押以索取赎金，而且可能以其荣誉作担保缴纳赎金后，就被释放了。那些既无荣誉又无黄金的平民，则更有可能被处死。

直到1618—1648年，军队仍经常抓捕平民。抓男性富豪是为了让他们缴纳赎金，抓女性富豪出于同样的目的。此外，抓女性穷人——这似乎不如抓女性富豪那样常见，则可能是为了性的目的。德国雕塑家莱昂哈德·克恩（Leonhard Kern，1588—1662）[①] 的一座雕像，显示的就是一个双手被绑在背后、被一名瑞典士兵用匕首

① 此处时间有误，莱昂哈德·克恩于1663年去世。——译者注

指着的裸体女人形象。① 所有这些都是遵令而行，或至少是在睁只眼闭只眼的现场指挥官的纵容下进行的，否则不可能经常发生。

再者，在确定战斗员和非战斗员的区别方面，雨果·格劳秀斯做得比大多数人更多。从 1660 年前后开始，配发军装使这两个群体更容易区分了。第一个双边条约规定了对待平民以及伤员、病人和俘虏的条款，这些非战斗员后来被特别系统地写进了 1868—1909 年的战争法，这包括从《圣彼得堡宣言》到 1899—1907 年的《海牙公约》，再到 1909 年的《日内瓦公约》，1949 年的《日内瓦公约》又增加了保护这些群体的条款。② 这些公约条款还把非战斗员群体扩大到了内战，包括那些蔓延到或受到第三方干预的战争。大约从 20 世纪 70 年代女权主义兴起之后，更多的变化接踵而至。此前，妇女根据她们所属的群体享有和男子平等的权利。现在，她们受到了免受抓捕者和其他囚犯性暴力侵害的“特别保

---

① “A statuette by the…” An image of the statuette is available, at http://www.google.co.il/search?hl=en%26site=imghp%26tbm=isch%26source=hp%26biw=1097%26bih=559%26q=Leonhard+Kern+%26oq=Leonhard+Kern+%26gs_l=img.12.0i30l2.2137.2137.0.4484.1.1.0.0.0.0.129.129.0j1.1.0%85.0%851ac.2.64.img.0.1.129TpClFHpCcoMQ#imgrc=CcVZAb8TuOFWNM%3A.

② The Geneva Conventions of 1949, at http://www.icrc.org/en/war-and-law/treaties-customary-law/geneva-conventions.

护”。孕妇和母亲还享有一定特权。

由于篇幅所限，我们无法论及关于战争中的全部权利，或者其现代名称“国际人道主义法”的许多其他问题。和发动战争的权利一样，战争中的权利，即战争期间法，也是受政治约束、经济需求、文化习俗以及敌人本性等各种因素支配的。战争中的权利之所以至关重要，有两个原因：第一，如果战争中的权利没有得到遵守，而且胜利的含义没有明确的定义，那么每一场战争都必须打到最后，这样的话会导致人员伤亡和财产损失的代价很大；第二，违反法律和虐待敌人的人可能受到己方的惩罚（尽管这很罕见），或者他被俘时会受到敌人的惩罚。

和任何其他法律一样，发动战争的权利和战争中的权利有时（有人可能会说经常）也会被侵犯。事实上，直到最近，受害者也不可能求助于哪个公正的法庭。即使在今天，有关这一方面的法院尽管不是很强大，但这并不表明法律不重要，或是可以在理论和实践上被忽视。西塞罗写道，战争法旨在保护我们的人性。① 战争法旨在阻止以野兽的方式发动战争，也阻止战争把人们变成

① “The law of war...” Cicero, *De officiis* 1. 11.

野兽。在我们人类从事的所有活动中，战争是最有可能使我们忘记“我们是谁、我们是干什么的”。这正是战争需要遵从某种正义和法律的原因。

第十一章

非对称战争

第一节　事物的原理（2）

正如本书导言中所指出的那样，非对称战争这个术语，可能意指两件完全不同的事情。非对称战争既可能指属于不同文明的各个政体之间发动的战争，例如，当希腊人和波斯人交战，阿拉伯人、后是蒙古人入侵欧洲，穆斯林的莫卧儿人占领印度教和佛教的印度，以及欧洲扩张到其他大陆时，都发生过不同文明政体之间的战争。非对称战争又可能指两个不同量级对手之间的战争，其中一方比另一方弱得多或者强得多。按照正常的战略规则，强弱双方不应有竞争。在这里，我们将依次讨论这两个问题。

孙子有这样一种理念，即战争是在同一种文明政体内发生的。这一理念贯穿《孙子兵法》全书，它充分阐释了作战行动所体现的“礼尚往来”的文明战争礼仪。的确，有的军队比另一些军队更好。优秀的军队指挥官富有人性和正义，并能够维护国家的法律和政体。优秀的指挥官善于熟悉部队、民众和“天”道。由于这种更好的适应性，优秀的指挥官对政治和军事形势有着更好的理解，也能更好地处理战争中的种种问题，这是孙子着重强调的一点。军队制订演习计划和作战计划更加深谋远虑，更符合当地的条件和眼前目的，因而更容易成功实施。

在这一切当中，正如某些现代的仰慕者已注意到的那样，真正的创造性是很难找到的。中国文明中不存在“上帝”文化，中国历史文化在世界文明中扮演着重要角色。因为历史发展的原因，也因为古代技术变革的缓慢性，古人对万物包括战争都有比较充分的了解。《孙子兵法》中的每一个规则、计谋和策略，自古以来就存在着。只要有足够的意愿和努力，任何人都可以着手研究和掌握兵法谋略，更何况许多兵家包括孙子本人，他们都有一些可以传授和讨论兵法的弟子。孙子及其弟子们不断周游列国，供职于一个个朝廷，而且这些朝廷之间往往彼此熟悉。结果，我们发现孙子的弟子们也各为其主。后来的评论家们在阐释大师的思想时，甚至进一步提出，战争几乎就像一场象棋游戏，只不过加入了各种真实的障碍、真实的武器、真正的部队和真实的血腥而已。

兵法被中国的各诸侯国用来彼此争斗，直到约两个半世纪后秦国占据了上风，并统一了各诸侯国。尽管我们不知道指挥官们是如何用同样的方法对付“蛮人”的，但孙子和他的许多追随者应当没有注意到蛮人的本性，而且没有评论过对他们发动战争与其他战争有什么不同。蛮人总是很落后贫穷，而且人数不多。他们尽管在物质文化上无法和强大的文明古国相竞争，却屡屡攻克并征服占领过中原。自克劳塞维茨以降，其他军事理论家也没有考察过这种非对称战争。

现在，让我们把注意力转向正在考察的第二种非对称战争：两个不同量级对手之间的战争，由于其中一方比另一方弱得多，它们之间通常不应有竞争。对克劳塞维茨有利的是，尽管他只用了几页篇幅来讨论这个问题，但论述这个问题十分充分。① 克劳塞维茨使用的这个术语，通常被翻译作“军人”，这其实具有一定的误导性，真正的含义是“武装民众”。正如《战争论》中“向本国腹地退却”一章所表明的那样，克劳塞维茨心目中理想的模式是拿破仑 1812 年在俄国的那场战役，克劳塞维茨作为所谓“德国军团”的一员目睹了这场战役。后

① “A few pages...” Clausewitz, *On War*, pp. 479–483.

来，他围绕当时众所周知的“小型战争”① 做了演讲。在以上两个案例中，政府都支持本国民众奋起抗击，驱逐入侵之敌。和克劳塞维茨的例证相反，这两个例证都不存在叛乱者起来反对那个尽可能解除他们武装的政府的问题。

在《孙子兵法》中，这个问题比较突出。孙子不承认恐怖主义、游击叛乱［即我们今天所说的“次常规”（sub-conventional）武装冲突］的存在，一切都是根据一个国家、一个统治者、一个指挥官，以及一支军队和另一支同量级军队的冲突来表述的。导致这种情况的原因很难判断，因为非对称战争这种形式肯定和战争本身一样悠久。早在这位兵圣诞生之前，中国一定有过起兵反对当局的人，正如后来也有这样的人一样。一种解释是，中国这个儒家社会一直自视为一个大家庭，统治国家的结构和方法都是“君权神授”。即便是在更加个人主义的西方，那些拿起武器反对皇帝、扰乱秩序的人，也被视为罪犯。根据这种观点，这与其说是一个打击叛乱者

① “小型战争”是以游击队形式为主的瓦尔莫登军对1813年的战争（第六次反法同盟战争）的胜利做出了重要贡献，该军的指挥官证明自己能胜任经常变换的任务，这些任务是一系列应急军事行动组成，对战争指挥智谋和组织能力要求极高。——译者注

的战争问题，不如说是一个像猎狗一样追捕他们的非战争问题。

正如游击或者“小型战争”这个术语所表明的那样，弱者对强者以及强者对弱者的非对称战争经常被忽视的原因，是因为它们被更大型的战争掩盖了。毕竟，战争这个拉丁术语源于决斗。当克劳塞维茨在其著作的扉页上说战争不过是决斗时，他只是在重复许多前辈说过的一句话。然而，决斗总是意味着决斗者之间的某种平衡。在过于失衡的时候，战斗既不必要也不可能。但当一方是大象另一方是跳蚤时，情况又会怎么样呢？

正如我们说过的那样，本章讨论的是两种不同的非对称战争。第一种——文明间的战争，是在属于不同文明的各个政体之间发动的战争，第二种是弱者对强者或者强者对弱者的战争，这两种非对称的形式被以各种方式结合了起来。之所以赋予非对称战争重要意义，是基于这样一个事实，即从 1945 年起非对称战争就被视为绝大多数战争中的一种。可以说，非对称战争在塑造全球政治生活中的作用，远远大于少数几场文明内的“常规”战争（那些在各种文明内部进行的、长期以来构成军事史甚至可能是军事史著作主干的战争），未来它的作用可能变得更大。那些无视这一事实、假装“它不可能在这里发生”的人，是在完全地自欺欺人。

第二节　文明的战争

如果我们考察的不是在一种文明内部而是在两种不同文明之间发动的战争，那么战争法的重要性就十分清楚了。这样我们就会发现，和其他许多事情一样，战争在很大程度上不受任何“客观”情况支配，而受那些发动它的人的思想支配。人们可以论证说，无论自觉与否，每一种文明的成员都创造了自己的“战争公约”。有些公约是约定俗成的，另一些公约则是书面规定的。这些战争公约定义了为什么打仗、为什么不打仗等，简言之，什么是战争，什么不是战争。

事情的本质在于，属于同一文明的交战方通常能在战争法中找到共同依据，不论是默契的还是明确的，那些属于不同文明的交战方则不然。由于不承认同一套法律，野蛮的一方就不能认同并遵从。历史上，许多人甚至不赞同现代的那种包括了我们所有人的共同人性观，认为自己才是唯一真正的人。换言之，对文明一方来说，所有针对其他共同体或政体发动的战争都是文明间的战争。

某些文明的一方要求有一个或多或少正式的开战宣言，另一些则不然。某些文明的一方要求战士穿着军装以表明自己的军人身份，另一些则从未听说过这样的事情。战争公约必须做的另一件事是使双方保持沟通。目前，白旗被普遍用于这个目的，尽管此前每一种文明的人对这件事都有他们自己的想法。在公元前 198 年的库诺斯克法莱战役①中，马其顿军队（他们紧紧地挤成一个方阵）无法用短剑来抵御罗马军团，他们曾一度试图用唯一能做的方式投降，举起了手中的长矛并把它们竖了起来。但由于罗马人第一次遇到这种希腊化的军队，他们误会了这个信号，② 仍然继续杀戮，直到有人向他们作出解释。

马其顿人和罗马人（他们彼此住得很近）尚且可能以这种方式相互误解，那些在地理和文化上相距甚远的交战双方就更可想而知了。我们来考察一下欧洲帝国主义扩张的时期。数个世纪以来，白人和世界各地其他种族的人群接触的结果，往往是不能相互理解。以西班牙征服者要求美洲的“印第安人”皈依基督教作为不打不

① 此处时间有误，公元前 198 年应为前 197 年。——译者注

② “Meeting Hellenistic troops...” Polybius, *The Histories*, pp. 18, 26, 10–12.

杀的条件为例，印第安人看到一个黑衣男子站在队伍前面，挥舞着钉有另一个男人形象的十字架，做着奇怪的手势，并喃喃自语地说着奇怪的话语。尽管并无记载此时印第安人有什么想法，但他们很可能得出这些陌生人是疯子的结论。反之，这些陌生人则认为印第安人，既不具备足以接受信仰的自然判断能力，也不具备皈依和救赎所需要的其他美德。于是，敌对行为便产生了，剩下的就是杀戮的战争历史。

随着欧洲人的不断扩张，他们越来越意识到自己的战争法，和奥斯曼人、阿拉伯人、印度人、中国人、日本人和非洲人的战争法之间，往往存在着巨大鸿沟。这也是欧洲人自 1750 年前后以来开始编纂自己的法律，并称之为“国际法”的一个原因。不过，对战争法的误解仍然很多。2002 年美国人抵达阿富汗后发现，许多成年男人携带武器出行几乎是理所当然的。他们不仅携带武器，而且在庆祝儿子出生、参加婚礼等场合也会开枪。今天，有多少“无辜者”或“非战斗人员”由于这种误解而付出了生命？又有多少叛乱分子（他们声称是去参加聚会的非战斗人员）将其武器转而对准了占领军？

即使这样讲也只触及了问题的表面。以 1648 年以来就已发展起来的欧洲内部战争为例，这些战争是因“列强”之间的相互对抗而发动的，目的是摆脱统治者之间在相对重大政治和经济问题上的冲突。这其中的许多问题只是间接地影响了大部分人口。许多人，包括大多数打过仗并战死了的人，都不会问为什么，而且对战争的意义也只有十分模糊的想法。正如苏维埃作家伊利亚·埃伦堡（Ilya Ehrenburg）在谈到一战中的法国士兵和德国士兵时所说的那样：“自由，或钢铁，或煤炭，或魔鬼知道什么。”①

文明间的战争则不同。它们可能涉及这样的问题，但也可能（而且往往是这样）目睹了不同生活方式之间的冲突。用后来的塞缪尔·P. 亨廷顿的话说：“不同文明的人对神与人、个人与群体、公民与国家、父母与子女、丈夫与妻子之间的关系有不同的看法，对权利与责任、自由与权威、平等与等级的相对重要性也有不同的看法。这些差异是几个世纪的产物，它们不会很快消失，它们远比政治意识形态和政治体制中的差异更为根本。”②

最敏感的问题是那些涉及性和性别的问题。某些文

① “Freedom, or iron, or coal...” I. Ehrenburg, *Thirteen Pipes* (1923), Pipe No. 4.

② “People of different civilizations...” S. P. Huntington, “The Clash of Civilizations.” *Foreign Affairs* 72, no.3 (Summer 1993): 25.

明的人们认为同性恋或鸡奸并没有什么错，另一些文明的人们则憎恶它们。某些千年来就实行女性割礼的人认为，这是一种神圣的义务；另一些人则认为，这是一个怪物。我们还注意到西方和伊斯兰世界之间的对比差异。在前者中，妇女长期享有相对的自由，可以随心所欲。在后者中，她们往往被要求或选择与社会隔离。她们戴着面纱，待在家里，要么被阻止，要么宁愿不见陌生人。阿以冲突早期的几十年（约 1900—1948）就很好地阐明了这些差异。阿拉伯人不喜欢那些（他们声称的）半裸着乱跑的犹太妇女的独立性，担心他们自己的妇女也会步其后尘。许多犹太人则害怕阿拉伯人，担心一旦给他们机会的话，他们会对妇女们做些什么。

彼此相互了解可能缓解这种文化冲突，但也可能使冲突变得更糟。“全球化”并没有降低文明之间的冲突。相反，大规模移民往往把文化冲突带进那些“先进”国家，而先进国家的人们却认为早已克服这种文化冲突。在某种意义上，这类问题不如欧洲和西方统治者长期参战的那些世俗原因“严重”，至少自 1648 年《威斯特伐利亚和约》终结了欧洲宗教战争之后的时代是如此，因为它们很少使国家面对生死选择（精神层面的除外）。此外，对性和性别的认知涉及更多的人，而且往往是以一种更为隐秘的、个人的方式。

对生活中最基本常识的不同态度，可能变成一个引爆火药桶的火花。一旦战争爆发，任何一方都难以对敌人进行分类，了解其真实意图后再与之做斗争。正确与错误、可行与禁忌等，这些最基本的理念都一概蒸发了，这也是文明间的战争往往打得你死我活的原因。在缺乏相互理解的情况下，有一种视对方为只有以牙还牙才能驯服的野蛮人的倾向。如果我们把敌人当作狂热分子，那么他们就会成为狂热分子。如果我们对他们恨之入骨，那么他们就会如影随形并对我们恨之入骨。

不同的文明将导致不同的战争目的、战略和胜利观。此外，由于战争迫使双方互相借鉴和模仿，这些差异也可能随着时间的推移而减少（但不是在大量流血牺牲之前）。核武器并没有让这些问题失去意义。这一点并非不言而喻的，即核武器只是核武器，威慑就是威慑，强迫就是强迫，等等。① 如果那些在不同文明下成长起来的领袖对这些事情的看法都一样的话，那可能是一个奇迹。一种文明的领袖向其他文明的同僚发出的各种“信号”，不管是有意的还是无意的、口头的还是文字的，

① “It is not self-evident...” See L. Sondhaus, *Strategic Culture and Ways of War* (London: Routledge, 2006).

往往容易被误解。事实上，在那些用来探讨这个问题的战争游戏中，它们几乎总是受到误解。

幸运的是，有三个因素在发挥作用。尽管它们不能消除掉危险，但似乎在减少危险。

第一，建造核武库是一个缓慢的过程，往往由于涉及巨额费用变得更慢。可利用的公开信息显示，只有美国在全面战争的驱使下，用了不到 5 年就拥有了核武器。苏联采取各种非常严厉的措施，用了约 7 年时间。其他国家由于规模小得多，而且技术不够先进，用了约 10 年时间，有的甚至更长。即使在真的下决心做这件事的时候——就像巴基斯坦那样，时任总理佐勒菲卡尔·阿里·布托（Zulfikar Ali Bhutto）承诺他的人民宁愿“吃草”也要制造出原子弹，① 但是研制原子弹的进展很缓慢。在得到外界帮助发展核武器的时候，也大多如此。这意味着负责人有足够的时间来考虑这些事情，而且在这样做的时候，其前辈的经验是可以借鉴的。

第二，正如托马斯·谢林注意到的那样，在核威慑和核胁迫的博弈中，就像作为一个整体战略中的一部分，

① “Eat grass.” The exact time and place when the statement was made is disputed. See “Storing up trouble: Pakistan’s nuclear bombs”, *The Guardian*, February 3, 2011, at http://www.theguardian.com/commentisfree/2011/feb/03/pakistan-nuclear-bombs-editorial.

时间将逐渐精确地创造出《孙子兵法》中那种理想的矛盾局面。交战时间越长，对手就变得越像，如同足球和篮球最终将融合成足篮球一样，也如同男女两人结为夫妇长时间生活在一起，彼此越来越相像。正如 2012—2015 年围绕伊朗核问题产生的不安表明的那样，最危险的时候，乃是一个国家从无核状态转变为有核状态的时候。随着时间的推移，对手变得更加熟悉，彼此之间互相理解——有时又称为“可预测”，矛盾冲突的情况就可能得到改善。1945 年以后的历史使我们判断，对不同文明的相互理解已经有所改善，至少没有爆发核战争。

第三，也是最重要的，是纯粹的恐惧。对一场大屠杀是如此恐惧，以至于活着的人，无论是胜者还是败者，都可能羡慕死者。任何试图“使用”核武器来威慑或胁迫别人的人，首先需要无所畏惧，无论是真的无畏还是装出来的。然而实际上，自广岛原子弹事件以来，人们对核武器的恐惧是有增无减的。

无论如何，潘多拉的魔盒已经打开。我们要么学会与魔鬼共存，要么被魔鬼吃掉。

第三节　以弱对强，以强对弱

若米尼在最重要的著作《战争艺术概论》（*Précis de l'art de la guerre*，1836）中开篇即说，战争是由政府以其政体的名义进行的。事实上，正如我们看到的那样，甚至在他自己的时代也并非总是如此，更别说全部历史了。许多部落民族没有政府，至少不是现代意义上的政府。在其他许多情况下，那些没有形成政体或联邦或国家的组织不是彼此争斗对抗，就是对政体组织认同存在质疑。

那些组建新政体的人通常被冠以各种恶名，其中"反抗者"算是比较恭维的一个称呼。但这并不能改变这样一个事实，即他们代表了一定组织，他们使用暴力不仅是为了私利，而且是将其作为一种手段来实现自己的政治目的。和其他战士一样，反抗者觉得自己有理，要么根据他们生活中政府制定的法律规定，要么是根据某种更崇高的事业、法律或真理。为了这种事业、法律或真理，反抗者往往比其正规军中的那些对手们更甘冒生命的危险，而且往往拥有大量民众的支持。

这样的战争也基本遵循了战略原则。由于那些发动战争的人比对手弱得多，他们的第一原则是避免公开与对手作战。为了坚持持久斗争，他们躲在山地、沼泽、森林等复杂的地形中，而且一般不去沙漠之中。这样做意味着，在一个幅员辽阔的国家里，叛乱分子、游击队、恐怖分子可通过开放的边界接受国外援助。弱者一方还可以通过分散在民众中来保护自己。他们实际上有能力获得民众的支持，并在必要时消失在民众当中，这是他们最重要的生存之本。

自始至终，游击队及其同伙的首要目的都是争取时间。敌进我退，敌退我进。他们从隐蔽之处跃出，直击敌人的薄弱环节，激怒、突袭、骚扰敌人，并希望把敌人逼疯，就像马被苍蝇逼疯一样。接着，游击队便消失了。运用这样的方法，他们就会诱导敌人盲目地四面出击，杀害平民和非战斗人员，并使民众加入自己的队伍。所有这一切，都伴随着激烈的宣传战、心理战以及各种旨在吸引人并控制人的政治举措。

有的时候，反抗者（或不管他们被称为什么）成功地达到了目的。更多的时候，他们被镇压了，这使得现代领土国家从大约 1500 年开始出现。然而，在一战后的某个时候，由于不太清楚的原因，这种平衡开始倾斜了。最早正如 1921—1926 年摩洛哥里夫族起义期间发生的那样，法国和西班牙等老牌殖民国家发现，压制殖民地民众变得更加困难了，往往需要数十万军队和数年持久战，西班牙甚至使用了毒气。甚至希特勒领导下的德国纳粹——他们绝不是心慈手软之辈——在他们占领的许多国家也无法镇压各种抵抗运动。

于是，大坝决堤了。由于担心核战争升级，大国间的战争走向了衰落，其地位被各种国内战争和冲突所取代。在这种战争中，核武器由于其威力及效果的持久性，在很大程度上是无关紧要的。第一个感受到冲击的是帝国主义列强。为了寻求保住殖民地，帝国主义列强对殖民地反抗者发动了无数次战争，有的战争如此野蛮以致接近种族灭绝。但这都没有用，帝国主义者被迫接踵离去了。

在越南的美国人和在阿富汗的苏联人也没好到哪儿去，美国人和苏联人发动的许多行动都没有成功。“先进”的西方国家不是唯一失败的国家。中国的国民党反动政府也未能镇压中国共产党领导下的民族解放运动（1927—1949），同样的情况适用于在东帝汶的印度尼西亚人（1975—1999）① 和在柬埔寨的越南人

① 此处是指 1975 年 12 月至 1999 年 10 月，印度尼西亚对东帝汶实施的军事占领与实际统治。——译者注

（1978—1990）。[①]

非对称战争之新的意义，是带来了法律上的有关变化。在历史的大部分时间里，战士和反抗者之间是有明显区别的。前者往往被假定享有某些权利，后者则什么也没有。现在签署的各种国际协定，特别是 1977 年《日内瓦四公约第一附加议定书》第 1 条第 4 款，就包括了“各国人民在行使其自决权时，可以反对殖民统治和外国占领以及反对种族主义政权的武装冲突”，这样的结果便是消除了（至少在某种程度上）为国而战者和反国家者之间的区别。

的确，每个国家都声称（不管说什么）那些起来反抗的人是罪犯。殖民地时期，在肯尼亚的英国人对茅茅族以及以色列人对巴勒斯坦人就是这样的，这只是众多案例中的两个。这使得战争法的适用极不均衡，尽管在总体上法律的规范作用一直在增强。一方面，指挥官们和部队经常处于被各种小摄像机拍摄下来的危险中；另一方面，指挥官们从未像现在这样被要求记录下自己的一举一动。在美国人发动的阿富汗战争中，每有一名阿富汗人被杀，负责的军官就必须填写一份至少 5 张纸的

① 此处是指 1978 年越南在苏联的支持下入侵柬埔寨，1990 年 8 月最后一批越军撤离柬埔寨。——译者注

表格，详细记录死者的姿势、衣着、周围的温度等一切情况。① 在这名军官背后，有一大群律师在等着审核文员敲出的每一个字词。

尽管非对称战争没有两场是相同的，但它们仍有某些共同之处。大多数战争是由国家及其正规的武装力量对反抗者（反抗者在一开始当然只能被描述为可恶的团伙和帮派）发动的。由于没有军法法典，这些团伙和组织无法执行正式的纪律，几乎完全依靠成员的忠诚。正因为反抗者没有正式的司法权力，所以他们在需要权力的时机必须树立一个榜样。反抗者在人员、经验、训练、武器和资金方面都很匮乏。在 1964—1979 年罗得西亚战争期间，② 津巴布韦非洲民族联盟曾穷得付不起驻伦敦代表团的电话费。

然而，这些团伙和组织又有某些优势。由于规模小，他们的财政和后勤需求有限。他们行动敏捷，可以隐藏于平民当中。他们享有的最大优势是其作为弱者的地位，这使得他们只能使用一切可用的手段，这样反过来又给

① "During the American war in Afghanistan..." Lt. Jeff Clement, personal communication, p. 153.

② 此处是指罗得西亚丛林战争，是 1964—1979 年津巴布韦人民反对殖民主义、白人种族主义、争取民族独立的武装斗争。——译者注

了他们一定的行动自由，而其强大对手就没有这样的选择权。换言之，他们往往更能影响人心，无论是在他们自己的社会还是在旁观者之中，即使违反了战争法的时候——因为这是一部他们没有参与制定的法律，而且是由那些专门为了便于打击像他们这样团体的政府制定的。

例如，反抗者可以劫持人质，或者无视战斗人员和非战斗人员之间的区别。这些及其他优势有助于解释为什么大多数这样的运动，无论是 1944—1948 年摆脱了英国委任统治的巴勒斯坦犹太人，还是后来阿富汗的塔利班，都或多或少地达到了目的。而且，甭管对手多么强大，都能做到这一点。

对后者来说，解释为什么非对称战争失败并不缺乏借口。许多战败的指挥官都提到了起义者、叛乱者、游击队或恐怖分子从边境那边得到的支持。有的人指责那些未能提供正确方向的政治家，有的指责那些破坏了公众信任的媒体。他们经常谈到“缺乏协调”，从而把责任推给某个人或某件事。为常规战争设计的指挥链过于庞大烦琐，而这种此起彼伏、突然爆发的非对称战争特点，又导致高级军官进行微观管理时各种工作相互掣肘，下属行动陷于瘫痪。由于情报和行动没有得到充分整合，导致部队反应时间过长，或者把失败归咎给了下级。在一种往往不仅需要军事技能而且需要政治、社会、文化和心理技能的新环境中，习惯于常规战争的部队军官是力不从心的，他们要么反应过度，要么反应迟钝。

上述因素出现在非对称战争中，少数因素可能影响了战争结果。不过，最重要的一个因素往往被忽略了。对弱者来说，即使失败（只要是公开的）也是成功的，这证明了弱者影响力的存在。对强者来说，即使成功也是失败的。如果他的部队杀死了弱者，会被指责为野蛮，要是把弱者定位为犯罪，也会适得其反。反之，如果部队自己被弱者歼灭，又会被指责为无能。无论哪种方式，结果都将是遭受审查，甚至是惩罚的威胁。害怕惩罚将使每个人谎话连篇，正如越南战争很好证明的那样，每个人——从士兵、军官、高级指挥员、媒体、舆论到政治家，都会逐渐丧失勇气和斗志。

假以时日，强军同弱军作战也会慢慢变得弱势，反之亦然。在这个意义上，战争不是政治/政策的继续，而是运动的继续。怎么办呢？在此，我们通过分析两场战役中的两支军队来解决这个问题，它们都以自己的方式成功规避了难题并最终取得了胜利。第一场战役是哈菲兹·阿萨德（Hafez Assad）总统 1982 年在叙利亚发动的。当时，他的统治遇到了越来越多的反对，未来的统治地位似乎不容乐观。反对统治的部分原因是阿萨德和他的主要同僚是一个不受爱戴的少数教派——阿拉维派的成员，部分原因是伊斯兰教反对国家的世俗特性。更糟糕的是，1976年以来，阿萨德的多支部队卷入黎巴嫩内战。[①] 1982年初，黎巴嫩也受到了以色列入侵的威胁。

穆斯林兄弟会（这是一个在每个阿拉伯国家都有分支机构的宗教组织）发动了一场组织严密而且富有成效的恐怖主义战斗。随着阿萨德统治的瓦解和他本人的生命受到威胁，他采取了很多让恐怖分子绝望的镇压措施。叛乱的中心是哈马市。在凶猛的镇压战役中，阿萨德的弟弟里法特（Rifat）指挥的1.2万名士兵包围了哈马市，他们开始逐家逐户排查这座城市并进行逮捕行动。在他们这样做的时候，约500名圣战者（或神圣战士）发起了反击，据报道约有250名公务员、警察等人员被杀死。

这次起义给了阿萨德和里法特期待已久的借口。他们包围了哈马市，使用了最猛烈的重炮武器，导致约有1万—3万人（其中许多是妇女和儿童）被杀。接下来的事情甚至比屠杀本身更重要。在被问到他和他的部下杀了多少人时，里法特非但没有道歉，反而故意夸大了

① 黎巴嫩内战，发生时间是1975年4月15日至1990年10月13日。——译者注

死亡人数。作为对里法特的奖励，他和他的主要下属都得到了提升。幸存者们讲述了各种可怕的传说，可谓满目疮痍、尸横遍野。多年后，人们路过这座城市的大清真寺时仍会环顾左右、不寒而栗。

叙利亚此前经历了一次次政变，此后，这个国家度过了三十多年的和平时光。五大原则促成了这一胜利局面：第一，对反抗者的作战打击是秘密准备的，战争来临时就像是霹雳一般闪快。第二，在战争开始前，军队就引蛇出洞了，引诱反抗者暴露行踪。第三，军队行动非常坚决有力，在这种情况下强总比弱好。第四，战争时间很短暂。第五点也是最重要的，战争是公开进行的，而且没有向反抗者道歉。世界上最有力的打击也不会杀光对方的每位成员，大部分（如果不是绝大部分的话）的影响是心理上的。道歉就像对死去的非战斗人员说对不起一样，这将弱化战争的影响，有时甚至可能是致命的。

第二场战役是在北爱尔兰发生的。爱尔兰的“麻烦”可以回溯到国王亨利二世（Henry Ⅱ，1154—1189年在位），他是第一个试图占领这个岛屿的英国君主。1969 年 1 月，麻烦又爆发了。随着电塔和水泵等部分基础设施被炸弹毁坏了，示威者和反示威者彼此进行街战，北爱尔兰的内部冲突迅速升级扩大了。

从此，局势每况愈下。在 1969 年 8 月 14—15 日贝尔法斯特发生的一次夜战中，4 名警察和 10 名平民死亡，145 名平民受伤，财产损失也很严重。仅 1971 年 1—8 月，就有 311 起爆炸，100 多人受伤。1972 年，爆炸的次数增加到 1000 多起。爱尔兰共和军（IRA）还将其行动从北爱尔兰扩展到了联合王国本土。1972 年 1 月 30 日的“血腥星期天”达到了一个高峰。这一天，军队试图应对伦敦德里的街战，结果造成了 13 人死亡。

如果允许事情以同样的方式继续下去的话，那么英国人守住北爱尔兰的企图，无疑会以彻底失败而告终。如果这种事情没有发生，其结果会是另一种情景，那么也许可以从这种努力中吸取某些教训。在此，我们将聚焦英军（在吸取了自己和别人的经验后）没有做过的事情。

第一，英军再也没有向游行或暴动的人群开枪。无论暴乱和示威多么激烈，他们都宁愿使用不太暴力的手段，从而造成的伤亡少得多。第二，英军不曾使用坦克、装甲、大炮或飞机等重型武器来击退攻击和实施报复。第三，英军绝不实施集体惩罚，例如，宵禁、炸毁房屋等。相反，他们把自己定位为民众的保护者而非施暴者，通过上述举措阻止了叛乱者起义的蔓延。第四，也是最重要的，军队大体上是在法律规定的范围内驻扎并开展行动。

这一战争规则时不时受到侵犯。即使不违法，审讯技术也足以使人恐惧。但凡对公民自由有明显的侵犯，就使用酷刑和诬告来获取信息和定罪。（在外国被确认和追踪的）爱尔兰共和军有些重要的领袖被处决了，这在后来被称作“定点清除”。但在总体上，英国人是依规行事、拒绝寻衅，即使是在恐怖分子把女王的叔叔、79 岁的蒙巴顿（Mountbatten）伯爵炸死在他的游艇上，安放炸弹、炸毁了撒切尔（Thatcher）夫人演讲的酒店部分设施，向唐宁街 10 号的内阁会议发射迫击炮弹①之后，也是如此。

支撑英国人成功的真正秘密是铁一般的自我控制。正如马基雅维利注意到的那样，对那些接触过权力的人来说，没有任何其他权力的使用如此令人印象深刻了。根植于一定的社会文化，自我控制的表现就是耐心、专业和纪律。只要看看那些屠夫的受害人名单就能确证这种说法。在大多数镇压反叛行动中，每有 1 名“正规

---

① 此处是指 1991 年 2 月 7 日，英国首相官邸唐宁街 10 号遭到爱尔兰共和军迫击炮弹袭击的事件。——译者注

军”成员丧生，至少就有 10 名叛乱分子被杀。用“附带损害”来形容，正如这个短语所说的那样，彼此死伤比例还要更大。相比之下，北爱尔兰的斗争造成了 3000 人死亡，其中约 1700 人是平民，几乎所有人都是恐怖分子炸弹的受害者。剩下的 1300 人中，1000 人是英国士兵，只有 300 人是恐怖分子。正如一名英国军官告诉我的那样：“这就是我们还在那里的原因。”

第一种方法最大限度地使用武力，第二种方法则最低限度地使用武力。这种两种方法在某种程度上是对立的，但也有某种共同之处，即：在这两种情况中，正规军都聚焦在了作为一个重要因素时间的意义上，以防止时间消磨人的士气。叙利亚军队对敌人采用猛烈开火的攻势，几乎在战役开始前就结束战斗了，它做到了这一点，英国人则通过使部队产生免疫——这种方法被称为“勇敢的克制”——达到了同样的效果，但是，当人们不能做到一以贯之地遵循这两条路线的时候会发生什么呢（就像它经常发生的那样）？用 2004 年《华盛顿邮报》头条提到美国在伊拉克的反叛乱行动时的话来说，他们从“杀戮转向仁慈”并回到了原地。① 这样做，他

① “From killing to kindness.” *The Washington Post*, April 12, 2004.

们消磨了自己部队的士气，却鼓舞了敌人的士气。

只靠军事手段尚不足以决定这种非对称的斗争。非常规军（或游击队，或无论他们被称为什么）都必须和民众站在一起，否则他们就不可能获胜。当局政府（或无论他们被称为什么）则要控制民众，以便争取夺非常规军所擅长“游泳”的“汪洋大海”① （毛泽东语）的支持。如何战斗对双方来说，这就需要来自广大民众这“汪洋大海”的情报。非正规军由于根基在民众，往往比对手更容易获得情报，特别是当后者是外国人的时候。接下来，他们会利用宣传或恐吓把民众争取到自己这一边。双方都试图争取对方的盟友，拉拢和分化他们，并使其派系互相对立（如果可能的话）。由于非常规军很难形成一个整体，他们在这些伎俩面前表现得更为脆弱。一场不能通过上述任何一种方法来决定的战役可能会逐渐结束，特别当非正规军未能取得舆论支持或资源耗尽的时候。否则，战役就可能升级、公开化，并转变为一场服从正常战略原则的全面内战——毛泽东称之为“第

① 此处“汪洋大海”，源自毛泽东在《论持久战》一文中指出的，“动员了全国的老百姓，就造成了陷敌于灭顶之灾的汪洋大海”。参见《毛泽东军事文集》第2卷，军事科学出版社、中央文献出版社，1993，第308页。——译者注

三阶段”。[①] 然而，上述过程往往使时间有利于非正规军而不利于当局政府，因为这样能使前者在进入这一阶段之前就占据了上风。用美国政治家亨利·艾尔弗雷德·基辛格（Henry Alfred Kissinger，1923—　）的话来说，游击队只要不输就赢了，他们的对手只要不赢就输了。[②]

最后一点是，对正规军的强者和非正规军的弱者来说都一样，政治变得如此无孔不入，以至于湮没了军事冲突，甚至在最低层次政治变得与军事冲突不可区分。这样一来，非对称战争就成了全面战争的镜像。反过来也可以这么讲，战争变得如此无孔不入，以至于完全湮没了军事的政治属性，从而变得与政治不可区分。这两种形式的战争，都印证了克劳塞维茨关于战争是政治的继续的名言。非对称战争不是一个普遍真理，而是一个特例，是一个介于政治和军事这两极之间的特例。

---

① 此处“第三阶段”源自毛泽东在《论持久战》一文中指出的，“第三阶段，是收复失地的反攻阶段。这个阶段，战争已不是战略防御，而将变为战略反攻了，在现象上，并将表现为战略进攻；已不是战略内线，而将逐渐地变为战略外线”。参见《毛泽东军事文集》第2卷，军事科学出版社、中央文献出版社，1993，第293页。——译者注

② “Guerrillas, as long as they...” H. A. Kissinger, “The Vietnam Negotiations,” *Foreign Affairs* 47, no.2 (January 1969): 2.

展望

变革、连续性和未来

第一节　变革

历史地说，战争所经历的变革是巨大的，但军事变革不可能，也不会自动发生。军事变革根植于一系列政治的、经济的、社会的和文化的因素，并反过来影响这些因素。这就是预测军事变革是很复杂的，而且往往几乎是不可能的原因。

首先，某些最重要的变革发生在组织领域。我们不知道哪些人是第一批战士，但我们知道（或者我们以为知道）第一批战士是以相当松散的部落组织起来的。伴随着“农业革命”及其帮助创建的各种更为集中、更加等级化的政体，出现了家丁、封建兵役（其成员为土地使用权而战斗）、雇佣兵和常备军。尽管不同种类的部队往往以各种方式结合起来、并肩作战，但征兵方式无助于部队凝聚力和可靠性的形成。

法国大革命重新引入了征兵的原则，征兵制曾被古代城邦以及中世纪的继承者经常使用又长期抛弃。50 年后，铁路的兴起使得政府和国家能够通过建立动员预备役的制度来补充征兵。这些制度在两次世界大战期间及以后仍在使用，在战争高峰期，有的国家依靠征兵能组建几乎占其人口10%的部队，并使这些士兵常年征战。从1970年前后开始，征兵制度又发生了变化。文化、社会、技术和经济领域的变革，导致义务兵和预备役作用下降，与此同时，职业军人的作用在上升。

军队组织机构的变化发展，并非总是在取缔那些更简单、更松散而且等级不那么森严的模式。征兵制的新形式，往往是那些无力建立庞大的、常备的和花费巨大的军队的国家所采用的。从1500年前后开始，新兴现代国家的军队占了上风。所以，1914—1945年，新兴现代国家中只有少数几个国家实际上联合控制着整个地球，唯一能让这些国家接受并阻止其武力扩张的，就是同类型的其他现代国家的力量。这种情况今后是否会继续，人们将拭目以待。

其次，是经济发展。最简单的部落社会，几乎无须付出经济代价就能发动战争。相比定居的、稳定的社会群体，这是巨大的军事优势。这也有助于解释为什么直到1650年某些部落仍能在国际政治中发挥重要作用。尽管经济力量和军事力量一般来说是携手并进的，但在其他条件相同的情况下，社会越富裕，士兵越宽裕，就越能够支撑军事训练，支持发动战争并提供武器装备供应。

工业革命的发生推动富裕社会和贫穷社会之间、“文明社会”和“野蛮社会”之间的鸿沟急剧扩大。这一鸿沟一度如此巨大，以至于前者只要用一小部分资源就能在瞬间接管后者。此后，尽管彼此双方鸿沟变窄了，但并没有合拢。发达国家仍然能用封锁和入侵来威胁大多数发展中国家，反之则不然。但是，这种情况有没有一个上限呢？一旦超过了它，财富不但不会增加一个政体的军事实力，反而会削弱这种实力？过去是有的，至于未来，时间将作出回答。

再次，是技术变革。古往今来，武器、武器系统和其他各种装备的威力、速度、射程、精度的增长，一直令人震惊。从电报的发明开始，到最近的传感器、数据链和计算机，收集、传输和处理信息的能力增长得更快了。所有这些能力都在不断增长，而且看不到极限。有些武器的威力已变得如此之大，以至于人们害怕它们可能毁了这个世界而不敢拿来使用。

1914 年前后，科学技术的发展导致了一场军事后勤革命。在此之前，军队最重要的后勤需求是粮草。后来，随着战场变得机械化了，对其他种类供给的需求也急剧上升。许多新需要的项目都是高度专业化的，从乡下获取后勤物资是不可能的，这就反过来使得基地、交通线和运输比以往任何时候都重要。相反，各种恐怖分子、游击队和叛乱分子的行动经常成功的一个原因，则是因为他们的后勤需求很小。

过去，技术一再使战争扩展到了另外的环境当中，从陆地到海洋，从海面到深海，再到空中、太空和网络空间。如果没有技术，海上、海底、空中和外太空的战争都不可能，网络空间甚至不存在。未来，战争会扩展到另外的环境和维度吗？这是有先例的。1905—1915年，阿尔伯特·爱因斯坦在现有的三个维度上增加了第四个维度，还可能有更多的维度。也许，这些新维度是19世纪很多小说描述的那种地下空间（subterrance）或者，是一个思想能在其中奇迹般地从一个人传递到另一个人的以太维度。

尽管这是推测，但有一件事情似乎是明确的。如果新的环境和维度被发现或被构建了的话，那么在技术帮助它充满“可怕的露水”①［那个预见到了征服天气变化的英国诗人丁尼生勋爵（Lord Tennyson）看到的从“蓝空中”降下的雨］之前，这只是一个时间问题，而且要不了很长时间。的确，在一定意义上，人对任何一种新

① “Ghastly dew.” Lord Alfred Tennyson, “In Locksley's Hall.” (1842), at http://www.poetryfoundation.org/poem/174629.

环境的征服在未经战火洗礼之前都是不完整的。

最初，用于战争的工具和用于狩猎的工具是一样的，两者后来才逐渐分开。随着狩猎工具作为获取食物来源手段的价值下降，军事技术走在了前面。在古代，人们发明了风车和水车这样的无机能源，它们被固定在特定的位置和空间，而且不能在野外环境使用。结果，军事技术又开始落后于最好的民用技术。只是由于工业革命特别是内燃机的出现，才导致了军事技术的再次变化。

从 1890 年前后开始，随着技术研发转变为持续的、组织严密的过程，军事技术得益于大量投资而走在了民用技术前面。莱特兄弟转而把军队作为他们的首要潜在客户，并不是偶然的。1980 年前后，微芯片的发明再次改变了军事技术变化的方程式。为民用市场工作的民用公司生产的设备（包括某些最现代的设备），往往比世界上许多军队拥有的设备质量更好。这场新技术革命才刚刚开始，其全部影响可能在未来几十年内显现出来。

军事技术的变革必然引起军事学说、训练方法等方面的变革，这些变革还经常导致军队以新的方式来制订计划、作出部署、展开行动并进行战斗。这样一来，各种军事术语也必须改变。就像 1780 年前后发生的那样，长期被忘却的“战略”这个术语被挖掘了出来，并在失去其希腊语的原义后，开始被用来描述更高级的战争行动。

随着战略术语而来的还有一系列其他术语——基地、目的、交通线、内线和外线等，后又增加了大战略，有人还在战略和战术之间插入了另一个术语——战役。战略术语的变化还导致了其他术语含义的变化，例如地面战斗。几个世纪以来，地面战斗是指双方主力之间大规模冲突。现在，地面部队已经变得如此分散，以至于彼此很少相遇，大多数时候地面战斗指的只是小规模冲突。

1945 年，第一枚核武器引爆。在军事史上，或许在人类历史上，那一天以前发生的事情几乎没有比这更重要的了，在它以后发生的事情也没有比这更重要的了。人类第一次创造了一种可能通过所谓的“战争高潮”（指核战全面爆发）来毁灭自己的局面。从那时起，核战争可能升级带来的恐惧不但终结了大国间的大战，而且这种效应像池塘里的涟漪一样溢出至外部，这种战争已经被威慑和胁迫所取代。尽管不安能够带来某种安全，但谁也不能确保核武器永远不使用，它们仍可能使用。果若如此，我们真的将进入另外一个不同的世界——假设世界还存在的话。

战争法中的变革更是内容繁多且意义重大。曾几何时，战败方的很多人（也许是大多数人）都被处死了。这样一来，妇女和孩子的最大希望就是活下来并被奴役。其他一些社会虽然没有处死男人，却奴役他们，在这方面，没有人比古希腊人和罗马人更系统、更大规模地这样操作了。有的时候，战争法反映了阶级划分；有的时候，阶级相对来说又无关紧要。1700 年以后，人们也接受了这样的一种观念，即伤员也拥有自身权利。后来，甚至死者也获得了某些权利。

某些人包括克劳塞维茨倾向于淡化战争法的意义，另一些人如西塞罗则强调战争法的意义。对这个问题倒不必介意，因为按照现代标准，罗马战争的许多方面是野蛮的，原因在于从不同视角看待问题。西塞罗是一个律师身份，克劳塞维茨则是一个军人身份，两者的分歧不是偶然的。众所周知，对法律的尊重是很难衡量的。不过，假设法律可以被衡量，有理由认为，科学技术的新发展，主要是照相机的普及以及信息数据记录和传播的便捷性，更加有力支撑法律相关证据。这一趋势的一个重要迹象，就是 2002 年海牙国际刑事法院的设立。海牙国际刑事法院的设立，在历史上第一次提供了一个可以审判战争罪犯的常设机构。

随着常规战争的减少，强者对弱者以及弱者对强者发动战争的数量似乎上升、意义似乎增大。随着时间的推移，这种非对称战争和其他形式的非正规战争一道，有可能取代过去的各种冲突。新的军队组织类型，将取代过去用来和它们作战的军队，真主党和基地组织（这些组织都涉及宗教、军事、经济、慈善等，而且都很熟悉现代科技）可能就是其中的原型。不过，在讨论战争的未来之前，我们必须先考察一下战争中那些没有发生变化的事情。

第二节　连续性

无论是在军事领域还是民用领域、组织方面还是技术方面，军事变革都不是在所有时间和地区匀速进行的。有的时候，军事变革缓步而行；另一些时候，它又踩着战争的滑板大步加速。某些政体仍固守其持续了几千年的传统战争形式，另一些政体则往往在意想不到的方向上以惊人速度改变了战争形式。支撑这一过程的最重要驱动力，在很大程度上就是前面提到的那种“摇摆效应”。在战争这种生死较量中，选择是很严酷的，要么变革以便追赶并超过敌人，要么就是做悲惨的失败者。

不过，许多事情并没有改变，它们似乎也不会改变。首先是战争的原因，下一节将更多地谈到它。然后是战争最本质的特征。战争性质是一种服从于战略规则的双方斗争，其暴力总是趋于升级而且很难控制。战争作为一种政治（无论如何定义，舍此它就是一件无意义、无目的的事情）工具的作用和以下两个事实不会改变：第一，战争不同于犯罪，它发动战争的那个社会中的大部分人（如果不是全部的话），在许多情况下还包括敌人，认为是可接受的甚至是值得赞扬的；第二，战争不是一种个人活动，而是一种集体活动。

战争提出的挑战对战争发动者的要求也没有改变。最重要的挑战是那些处于顶层者的责任，然后是不确定性、阻力和劳累，包括最大的挑战——对快速而残酷死亡的恐惧。自战争开始以来，这些都丝毫没有改变。只要战争还存在，它们都将继续存在。应对劳累并克服它们所必需的各种素质和行动，比如勇气、决心、凝聚力、组织、训练、纪律和领导，总之，战斗力方面的各种要素，也是一样的。

从 19 世纪中叶开始，在每一支现代军队中，直接暴露在敌人火力下的部队的比例一直在下降。现今，许多人在千里之外“参与战斗”，一部分人通过计算机编程，另一部分人通过发射导弹或操作无人机。他们坐在空调房间里进行战斗，其中有些房间位于地下很深处，只有直接的核打击才能摧毁。他们看着自己的控制台，操纵控件进行战斗。所有这一切战斗，对他们人身安全不构成丝毫危险。

这些事实提出了某些令人困惑的问题。特别是，无人机操作员所从事的战斗，是真正的战争，还是高技术的屠戮？如果是后者，如何才能在道德上和法律上证明它合理呢？战争是否会失去人的因素？前两个问题的答案是无意义的。至于第三个问题，似乎是否定的。正如实践经验表明的那样，拥有并使用无人机及其相关装备（机器人）的一方，有可能被没有无人机的一方打得一筹莫展。只要看看美国当时对“伊斯兰国”极端恐怖组织（这个组织在2006年竟然宣称在伊拉克建立“伊拉克伊斯兰国”）军事行动的效果，就会明白这一点。

那些发动战争的社会给自己设定的主要目标之一，始终是获取资源，其主要表现形式是猎场和牧场、水源、妇女和儿童、奴隶、农田、矿产资源、大量金银，或者其他许多东西。这些愿望仍然存在，特别是在国内战争中。到了21世纪初，很多人在谈论“资源战”和“气候战”。有些人认为水资源短缺将导致武装冲突；另一些人则更多地基于能源或某些稀有（但至关重要）的原材料来考虑战争问题。尽管通过战争获取资源的种类不同，而且无疑将继续不同，但经济因素仍一如既往地重要。

大约从1830年开始，军事技术一直以一种快速的、也许是加速的步伐发展。技术在用来对付那些没有技术（或只有其低级版本）的人时具有巨大威力，并给使用者以巨大优势。技术的优势如此巨大，以至于在一段时间内似乎是不可抗拒的。正如英国作家希莱尔·贝洛克（Hilaire Belloc）在提到1900年前后的殖民战争时指出的那样，当时，欧洲和其他各洲的军事技术差距达到了顶峰："当一切战争都发生了的时候，我们已经有了马克沁机枪（Maxim gun），而他们（殖民地军队）还没有任何先进的武器。"① 但在对付一个拥有类似马克沁机枪的敌人时，军事技术的作用却十分有限了。其原因基于这样一个事实，即战争的其他因素仍有意义，正如人们现在做的那样。

此外，正如克劳塞维茨所言，战略的基本原则与其说是由战争工具决定的，不如说是由战争本质决定的。

---

① "We've got the Maxim gun..." H. Belloc, *The Modern Traveller* (London: Arnold, 1898), p. 42.

这就解释了技术没有对战争产生多大影响，以及孙子两千五百年前关于战略论述并没有过时的原因。这从以下事实可以看出，即广义地说，孙子提出的某些战略原则依然适用于海战，这是一种他没有谈到的作战环境，而且甚至适用于空战、太空战和网络战，这更是孙子无法设想的。

而核武器呢？核武器在表面上似乎改变了一切，以至于某些科幻作家认为，如果他们要继续描写战争，就必须禁止核武器。但是，核武器所能改变的也是有限的。尽管核武器影响很大，但在核武器影响下，很多事情还是一如既往。正如英国装甲战的先驱和军事评论家J. F. C. 富勒（J. F. C. Fuller）在1946年所说的那样，人们不会通过威胁消灭（更不用说毁灭）城市来消灭战争，因为这只会招致报复。战争是一种灵活的、有创造力的野兽，和某个神话中的变形人一样，它将适应自身又不放弃本性。

战争法经历了许多重要的变化，但对法律的需求并没有变。现在和以往一样，战争面临一种彻底的而且往往是突然的转变，其中许多事情从被禁止的转变成了被接受的、被命令的和被赞扬的。而且，和以往一样，现在战争法仍有必要界定谁有权发动战争、谁无权发动战争、根据谁的命令、反对什么对手、出于什么原因、出于什么目的、采用什么手段和方法，等等。简言之，界定什么才算战争，什么不算战争。哪些一定限度内的人应该受到嘉奖，哪些超越这一限度的人则应受到惩罚。无数的实际问题都会产生而且需要从法律层面解决，从各个年龄段、所有性别的囚犯的权利，甚至到恐怖分子的权利。

法律到底有多重要、产生影响究竟有多大，仍然和以往一样是无意义的。真相在于，在分别经历了两个世纪和两千年后，克劳塞维茨和西塞罗仍然站在他们各自的立场。一支由于各种原因被法律（和律师）在其背后束缚了手脚的军队，即使在对阵比自己弱小的对手时也可能最终失败。因为后者是根据战争必然性原则作战的，他们不懂法律，觉得自己是自由的，可以为所欲为，而且他们这样做了。此外，一个允许军队无视法律、为所欲为的政体将变成一群野兽。到一定时候，这个政体很可能不再是一个政体了。

需要重申的是，核扩散和大规模常规战争的减少，似乎导致第一种非对称战争（即强者对弱者发动的战争和弱者对强者发动的战争）数量和意义的增加。至于第二种非对称战争（即文明内的战争）则一直存在。这类战争更聚焦关注所有问题中的最私人问题：可能是宗教的，或社会的，或文化的，或心理的，也可能涉及性别和繁殖进化的压力，等等。这就是战争一直是，而且仍具有破坏性和野蛮性的原因。

第三节　战争有未来吗

《战争有未来吗？》这是1973年10月发表在《外交事务》上的一篇文章的标题。就在那个月，阿拉伯—以色列“赎罪日”战争——20年来规模最大、最现代化的一场战争爆发了。不到一年之后，一场政变推翻了葡萄牙的独裁政府。[①] 在此之前，里斯本一直试图镇压殖民地安哥拉和莫桑比克的起义，结果便是这两个国家持续了几十年的内战，并付出了数十万人的生命代价。

没有人被战争吓倒。后来的作者们也不断地讨论这个主题，少数人使用了完全相同的标题。1973年《战争有未来吗？》的这篇文章，绝不是第一篇谈论这个主题

① 康乃馨革命（葡萄牙语为 Revolução dos Cravos，英语为 Carnation Revolution），又称“四二五革命”，是葡萄牙首都里斯本1974年4月25日发生的一次军事政变。——译者注

的文章。早在 16 世纪 80 年代，让 · 博丹就在《易于认识历史的方法》（*An Easy Method for the Study of History*）中提出了许多今天还在争论的观点。那些希望结束战争的人，包括经济学家弗里德里希 · 李斯特（Friedrich List，1789—1846），诺贝尔和平奖获得者诺曼 · 安格尔（Norman Angell，1872—1967），哲学家约翰 · 斯图亚特 · 密尔（John Stuart Mill，1806—1873），赫伯特 · 斯宾塞（Herbert Spencer，1820—1903），和人类学家玛格丽特 · 米德（Margaret Mead，1901—1978）——她曾在 1940 年论证到战争"只是一种发明"① ……这些思想家都认为，他们可以看到战争的结束，但他们的希望每次都落空。

统计数据显示，21 世纪初，普通人死于战争的可能性比以往任何时期都要小。尽管这是一个好消息，但这可能不是由于我们变得更加和平了，而只是因为史无前例的人口大爆炸。此外，战争一直是一种周期性的活动，在历史进程中多少会有一些停顿。据称，自公元前 1400 年以来，只有不到 10%的年份是完全和平的。因此，我们获得的任何喘息都可能是暂时的。只要看看证券交易所就知道了。当每个泡沫都被吹得神乎其神时，大师们

① "Warfare is only an invention..." M. Mead, "Warfare is Only an Invention—Not a bibliological Necessity." *Asia* 1940, pp. 402-405.

会说，这次事情不同了。但下一次崩盘证明他们又错了。

早在19世纪90年代，哲学家赫伯特·斯宾塞就比较过战争和奴隶制，认为这两者都是建立在强迫而非自由交换基础之上的。因此，斯宾塞声称，战争将很快跟随后者进入历史的垃圾堆。但是，奴隶制并没有消失。21世纪初，世界上仍有约3000万奴隶。在某些情况下，战争本身就是在重建奴隶制，因为一些男孩和女孩被绑架，前者当了战士或工人，后者当了仆人、小妾或妓女。

此外，奴隶制和战争一样有着悠久的历史。在经历了各种形式的变化后，奴隶的概念很难界定。在许多国家，“打工仔”的护照被没收了，生活条件和奴隶并没有太大区别。他们甚至可以被买卖，在少数情况下是合法的，“工资奴隶”这个术语本身就说明了这一点。如果我们把这些人和许多其他形式的强迫劳动计算在内的话，那么世界范围内奴隶的数字就会大得多。

而且，战争总是一种故意的行为，是政治、政策的产物。战争和政治之间的界限可能是很明确的，正如克劳塞维茨在提到国家间的常规战争时的名言所暗示的那样。或者，战争和政治之间的界限几乎不存在，就像由各种原因所导致的全面战争、叛乱或反叛乱那样。无论哪种方式，废除战争的一种方式是确保它不再服务于政治、政策的目的。战争的两个主要目的，一直是减缓恐惧和满足贪婪，恐惧和贪婪反过来又受到相对权力（军事的、政治的和经济的）变化的刺激。历史是一件易如反掌的事情。随着时间的推移，历史也会使恐惧或诱惑（有时两者兼而有之）都有所增减。就像在霍布斯时代那样，没有一个最高法院能以一种“公正的”方式裁决争端，更遑论一支足够强大的国际警察部队来执行其决定了。

从 18 世纪末的伊曼努尔·康德（Immanuel Kant）[①]和汤姆·潘恩（Tom Paine）[②]到现代某些政治学家，有许多关于民主国家不愿彼此争斗的论著。这或多或少也许是真的，但民主国家肯定愿意和（或者在）非民主国家作战，有时他们声称这是他们的责任。回到 20 世纪 90 年代，似乎大多数国家都在迈向民主国家，而且历史已经终结了。但是，苏联解体后给世界终结“强权政治”的十年限期很快就过去了，人们曾假定强权政治停止了运作，现在它又呼啸而返了。的确，对核灾难的恐惧尽管仍阻碍着大国间的大战，但这种恐惧不可能也没有阻

① 伊曼努尔·康德（Immanuel Kant，1724—1804），德国哲学家、作家、德国古典哲学的创始人。——译者注

② 汤姆·潘恩，又称托马斯·潘恩（Thomas Paine，1737—1809）。——译者注

碍世界上许多其他地方的小型战争。

在历史上，许多战争是为了获取财富而发动的。这些从战争中获利的统治者和政体（无论战争发动者初衷是什么）的名单，包括从古代中东的君主国开始直到两次世界大战中的美国为止。如果不是老布什总统决定干预，萨达姆·侯赛因1990年对科威特的入侵就可能被证明为是可以牟取暴利的行动。如果任何一个东南亚国家的统治者决定征服弹丸之地（多少有些毫无防御）的文莱苏丹，这个行动肯定会更加有利可图。

即使假定大多数国家间的战争在经济上不再有利可图，战争仍可能带来其他好处。正如弗里德里希·尼采写道的那样，对灵魂来说，胜利是最佳的良药。① 打赢战争能够而且将增加胜利者的威慑力，使他们不易受到攻击。例如，就像英国在1982年战胜阿根廷之后所发生的事情那样。在理论上，人们并没有假定现代统治者从他们代表国家发动的战争中获得了个人利益。但无论战争发动者是否想要获利，在实践中他们往往正是这样做的。如果不是在物质上获利，那就是通过获得提升威望和任职资格而受益。如果玛格丽特·撒切尔没有命令军

① "Victory is the best cure for the soul." *Daybreak* (Cambridge: Cambridge University Press, 1982), fifth book, aphorism No. 571.

队及时入侵福克兰群岛并做出相应的战争决策部署，那么她就不可能获得连任（原文如下：Without the timely invasion of the Falklands and her own response to it, Margaret Thatcher might not have been re-elected）。即使是在20世纪70年代末的河内，经历了25年的残酷战争，① 这个城市居然还有一些大腹便便的富人。

但是，谁能说战争必须在国家之间进行呢？至少自1945年以来，大多数战争（包括许多最血腥的战争），都是在国家内部进行的。有的时候，是政府和非国家组织之间作战，反之亦然；有的时候，是各种非国家组织互相争斗。从一无所有开始，各种团体和组织的头目们往往很快就变得肮脏而富有。据说，这些头目的追随者开始收受贿赂、进行掠夺，发现战争是一种很好的谋生方式。他们有的人比政府正规军的生活待遇更优厚，因为政府正规军虽然为国家服务却只能领取少量的面包赖以谋生。这就是非对称战争往往持续多年的一个原因——那些发动战争的人完全有理由尽其所能地延长时间。

现在，我们来考察一下所有问题中最棘手的问题：

① 指越南战争，发生于1955年11月1日至1975年4月30日。——译者注

在哪里才能找到我们的本性中那些更好的天使？天使接管了或是正在接管我们的本性吗？我们的本性中所发生的任何变化（如果它们发生了的话）能使战争走向终结吗？那种认为我们正在变得或能够变得更友善、更仁慈、更温和、不太贪婪和不太残忍的观念，乃是启蒙运动后期的一种产物。1785 年，弗里德里希·席勒在《欢乐颂》（*Ode to Joy*）中写道，“四海之内皆兄弟”。然而四年后爆发的法国大革命，却将欧洲淹没在血河之中。

这场屠杀并没有在 1815 年结束，接踵而来的是 1854—1860 年中国的太平天国运动（有 2000 万—3000 万人死亡），[①] 1861—1865 年的美国内战，1864—1870 年的巴拉圭、阿根廷和乌拉圭之间的战争[②]（相对于参战人数来说，这是近代史上最致命的战争），以及普奥战争和普法战争。19 世纪末和 20 世纪初的一些殖民战争，特别是比利时在刚果的战争和德国在纳米比亚的战

① 相关研究认为，太平天国运动导致的死亡人数大约为 2500 万人。参见容闳：《西学东渐记》，湖南人民出版社，1981。——译者注

② 此处是指巴拉圭战争，又称三国同盟战争，是 1864—1870 年巴拉圭与三国同盟（巴西帝国、阿根廷和乌拉圭）之间的一场战争。这是南美洲历史上最残酷、最血腥的一场国家间战争。——译者注

争，[1] 几乎消灭了本地的全部人口。接下来是日俄战争、两次巴尔干战争、第一次世界大战、中日甲午战争（包括后来中国抗日战争中的“南京大屠杀”）、意大利在埃塞俄比亚的战争、西班牙内战以及第二次世界大战。仅在 1945—2013 年，就发生了约 200 场战争。其中最重要的是发生在中国、朝鲜、尼日利亚、阿尔及利亚、越南、安哥拉、莫桑比克、斯里兰卡、罗安达、苏丹和扎伊尔的战争，更不用说那些发生在阿富汗、乍得、黎巴嫩、伊拉克、塞拉利昂、索马里和南斯拉夫等国家的小规模战争和屠杀了。

回顾过去两个世纪，一件比预测战争结束更常见的事情就是战争本身。号角一次次吹响，民众（他们中的大多数人都是普通良民）一次次回应，并脱去了文明的外衣参加战争。地狱的猎犬一再被释放，难以言喻的罪行屡屡发生，有时会有一种潜在的合理目的，但有时只是被纯粹的虐待欲望所驱使。在 20 世纪，那些死于“政治杀戮”的人估计达 2.5 亿人。在经历了这一切之后，谁还相信道德进步的话，他一定十分勇敢。

---

[1] 此处是指“20 世纪的第一场种族灭绝”战争。1904—1908 年，德国殖民者对纳米比亚当地原居民的大屠杀。参见凯文·希林顿：《非洲通史（第四版）》，赵俊译，九州出版社，2020。——译者注

纵观历史，规模最大、破坏力最强的战争，总是那些大国间彼此发动的战争。相对于全球人口而言，如果死于战争的人数实际上下降了的话，那主要是因为这些大国间的大战已经绝迹了。这并不是因为天使的干预，而是源于对战争自然升级而产生的恐惧。战争有可能以一场历史上绝无仅有的大屠杀而告终，也有可能使历史走向一个壮观的结局。

然而，如上所述，世界依然存在核武器也无法阻止的战争形式。在所谓的“发展中”世界，几乎每天都会爆发一些新的、大大小小的武装冲突。许多战争是由那些寻求各种目的的领袖们发动的，但随着战争拖延，手段和目的之间的区别便趋向消失了。外来者——不仅包括国家，而且包括那些寻求保护投资或盈利的公司，也被卷入了其中，雇佣军也是如此。战争结果往往是一个极为复杂的、极其血腥的、具有破坏性的，不断变化但又多少是永久性的泥潭，它把那些领袖们、追随者和非战斗人员都陷了进去，并使之无处可逃。外来者成了受害者，受害者成了外来者。两者既掠夺平民，又杀害那些试图抵抗的人，就像在三十年战争中战争和犯罪融为一体那样。如果是这样的话，武装冲突的重要性越发凸显。在扎伊尔（1987）、塞拉利昂（1991—2003）、索马里（1991）和阿富汗（1981、2002）发生的武装冲突，都是很好的案例。截至2016年，利比亚、叙利亚和伊拉克也是如此。

在大多数“发达”国家世界里，情况则有所不同。政府用社会服务和安全机构“两大抓手”来控制它们的民众，结果却让大多数人（他们从未听过愤怒的枪声）将战争视为一项观赏性运动的程度。人们无法想象战争的真实意蕴，并在面对战争时经常闭目塞听。但是，有哪个国家如此“先进”、富裕、单向度、孤芳自赏，以至于能免于战争呢？如果气候变化这种事情存在的话，该怎么办？经济（过去、现在和未来）发生危机了，该怎么办？少数群体觉得受到了歧视（无论对错），该怎么办？不同文化之间发生了冲突（它们往往涉及那些人们最珍视的东西），该怎么办？无数的法律（以体面、民主、多样、平等、公平、环境、健康、人性、道德、安全，当然还有政治正确的名义），束缚了我们的手脚，该怎么办？老子（Lao Tzu）的名言“法令滋彰，盗贼多有”不适用了吗？[①] 正如经验所言，尊重宗教信仰的差异，能够弥合分歧，消除抱怨，解决彼此的矛盾冲突。

① “The larger the number of laws...” Lao Tzu on government, at http://www.sacred-texts.com/tao/salt/salt08.htm.

然而，这如同编织一顶布满荆棘的皇冠并将其戴在人们头上，可是，有人愿意戴上吗？

弗朗西斯·培根曾经说过，无论是过去还是将来都不缺少“叛乱和麻烦”。① 一个能对战争发动者作出裁决的世界性法庭尚不可见，因此，某些冲突肯定会继续通过武力来解决。这意味着战争将永远折磨人类吗？未必如此。政治——一方面是国际无政府状态，另一方面是集体内部的结构性缺陷起着很大的作用。但在最基本层面上，战争助长了我们的冲动和情绪，其中主要的就是仇恨、侵略、愤怒、复仇和尼采所说的“权力意志”。所有人都甘愿付出，所有人又都想要回报。

如果从我们的灵魂中抹去这些冲动和情绪，那么统治者和政治家们将发现发动战争变得不可能了，这乃是许多医生、精神病学家、心理药理学家、脑科学家和遗传学家们试图修正、修复、控制并可能消除战争的一个动因。他们如此声称，也并非一点成功都没取得。在许多国家，日复一日，无数胎儿因为孕期发现的身心缺陷而流产。有朝一日，他们会因为被测试显示带有“好

---

① “Seditions and troubles.” F. Bacon, “Of Seditions and Troubles.” in Francis Bacon, *The Major Works*, B. Vickers, ed., (Oxford: Oxford University Press, 1996), pp. 366-371.

斗”的基因而被杀死吗?

胎儿并不是唯一受到影响的群体。许多精神失常的人以及某些罪犯经常接受电疗、化疗和放疗，更多的基于纳米技术的疗法正在出现。有的人是自愿的，有的人则不然。儿童（他们取决于我们谈论的是哪个国家，占总人口的四分之一到一半）紧随其后接受改造，目标是塑造他们的情绪和心情，以适应社会的需要。下一个会是谁呢?

然而，战争只是反映了我们本性中最坏的部分吗?列宁在关于克劳塞维茨的笔记中写道，进攻者总是想要和平。[①] 战争发动者想要占领我们的国家，夺走我们的自由和财产，如果我们试图抵抗，就把我们也杀掉。这就是他经常声称是为和平而来的原因。希特勒也想要和平，但他首先想要的是但泽、波兰、斯堪的纳维亚、荷兰、法国、巴尔干和俄国。在希特勒以前和以后的其他许多人也都是如此。

加拿大歌手、作曲家伦纳德·科恩（Leonard Cohen,

---

① D. F. Davis and W. S. C. Kohn (eds.), *Lenin's Notebook on Clausewitz* (IL: Illinois State University, Normal), p. 167, at http://www.clausewitz.com/bibl/DavisKohn-LeninsNotebookOnClausewitz.pdf.

1934—)① 唱道："当他们涌过边界/我被告诫要投降/这我可做不到。"保卫家园和壁炉是一件坏事吗？我们应该总是忍气吞声吗？有的基督教、印度教和佛教教徒宁愿被杀也不愿意杀人，耶稣（Jesus）、圣方济各（Saint Francis）和圣雄甘地（Mahatma Gandhi）都是如此。宗教运动之所以能够这样做，是因为它们感受到了来自周围更庞大社会的保护。至于这三位宗教领袖，假定他们当时负责某种有组织的政体，在这种情况下他们的行为远非英雄，几乎肯定会被认为是在犯罪（如果不是叛国罪的话）。

战争是恶的，但它只是且完全是恶的吗？某些事情不是更坏吗？遭遇不公平时应该怎么办？遭遇迫害时应该怎么办？为了避免战争，亚伯拉罕·林肯应该允许奴隶制继续存在吗？英国应该接受希特勒的提议并在 1940 年媾和吗？自由和尊严不再重要了吗？生存和舒适成了生活的唯一目标吗？我们应该允许自己在多大程度上被以战争的名义被管制呢？我们应该允许身心被重新设计吗？战争难道不是让我们的信念、勇气、欲望，最大限度地考验自己吗？爱——基于爱，我们才愿意受苦和牺

① 原著出版时科恩健在。伦纳德·科恩（Leonard Cohen），加拿大音乐家、诗人，生于 1934 年，2016 年去世。——译者注

牲，如果别无选择的话，为某事或某人而献身，又该怎么办？如何看待我们人类这些优秀的品质？把这些优秀品质统统给储藏起来吗？果若如此，当我们需要的时候它们还会在那儿吗？不去培育它们，我们是否还会很难被打败？最后，既然善恶在我们当中是交织的，那么那些用来抑恶的方法，会不会也把善给毁掉了？

我们的每一步、每句话都已能被监控，这不仅未经我们同意，而且我们自己也毫不知情。我们的思想和感情也要被控制吗？成为木偶是我们享有和平生活必须付出的代价吗？没有战争，人类会走向何处？可能是小说《勇敢的新世界》（*Brave New World*）和《1984》中描述的某种混合体中吗？这些都是每个社会和每个人应该自己决定并做出回答的问题，只要普遍的舆论氛围还允许提出这些问题。

至于我们，恐怖战争之旅已经结束了。

图书在版编目（CIP）数据

新战争论／（以）马丁·范·克里韦尔德著；释清仁，彭洲飞，谢峰译．--北京：世界知识出版社，2022.9
（外国军事名著译丛／释清仁，彭洲飞主编）
书名原文：More on War
ISBN 978-7-5012-6537-4

Ⅰ.①新… Ⅱ.①马… ②释… ③彭… ④谢… Ⅲ.①战争理论 Ⅳ.①E0

中国版本图书馆 CIP 数据核字(2022)第 070894 号

图字：01-2021-6062

责任编辑	刘豫徽
责任出版	王勇刚
责任校对	陈可望
书　　名	新战争论 Xin Zhanzheng Lun
作　　者	[以] 马丁·范·克里韦尔德
译　　者	释清仁　彭洲飞　谢峰
出版发行	世界知识出版社
地址邮编	北京市东城区干面胡同 51 号（100010）
经　　销	新华书店
网　　址	www.ishizhi.cn
投稿信箱	lyhbbi@163.com
电　　话	010-65233645（市场部）
印　　刷	北京中科印刷有限公司
开本印张	880 毫米×1230 毫米　1/32　12½印张
字　　数	213 千字
版次印次	2022 年 9 月第一版　2025 年 7 月第五次印刷
标准书号	ISBN 978-7-5012-6537-4
原著书号	ISBN 978-0-19-878817-1
定　　价	68.00 元